教師1年目の学級経営

担任スキルと広い視野を身につけるために

大前暁政
Omae Akimasa

東洋館出版社

はじめに

新卒教師が1年目に余裕をもって生活するために

新卒教師は不自由です。

その理由は、「仕事を、どのように進めたらよいのか分からない」からです。分からないことも分からないという状況です。その結果、先輩教師の言われるがまま行動することになります。

こうして、日々の小さな雑務に追われて1年が過ぎることになります。

毎日あわただしく過ぎ去っていきます。やりたいことの半分もできずに1年が終わります。これではよくありません。

新卒教師でも、自分の教育の特色を出したいはずです。

では、どうすればよいのでしょうか。

新卒教師が自由になるために必要なものは、方向性を考える「視点」です。

というのも、新卒教師は低い視点しかもてていないからです。


「授業中の私語をなくすためにどう注意しようか」

「印刷や片づけをいつしようか」

「給食や掃除がきちんとできなくて困る」


細かな仕事ばかり気になるのです。


そして、小さな雑務や小さな仕事ばかり教わって、数年が過ぎていくのです。

細かな仕事が大切でないと言っているのではありません。細かな仕事でも大切なものはあります。例えば給食のおかわりを適切に行うだけで、学級経営にはかなりプラスに働きます。


問題は、高い視点がもちにくいことなのです。

自由になるには、もっと高い視点をもつ必要があります。

今いる自分の位置を見渡せるような、いわば、仕事の全体像を、俯瞰で見ることができる視点をもつ必要があるのです。その視点があれば、自分の現在地が分かります。次の一歩も分かります。

本書は、高い視点を手に入れるための書です。

まるで地図のように、俯瞰しながら、教師生活を歩むための書です。進むべき道が分かり、そして攻略法も分かります。高い視点を手に入れると、世界が変わって見えます。視点が高ければ高いほど、様々なことが俯瞰で見えてくるからです。

自分の立ち位置だけでなく、周りの立ち位置も分かります。他の教師が、なぜこの実践をしているのかも理解できます。

本書が1年目の先生の「自由の翼」になることを祈念してやみません。

本書を執筆するに当たり、東洋館出版社編集部の近藤智昭氏には、大変お世話になりました。記して感謝申し上げます。

令和3年2月　大前暁政

目次
CONTENTS

第5章 学級経営その他の戦略編 ―授業研究・集団指導・学校行事etc…― 209

第1章

心構え編

—「ほめて伸ばす」教師であれ—

今の自分の立ち位置を俯瞰できる目をもつ

俯瞰が大切な理由

これは低学年から高学年まで、荒れ続けていた子の話です。

毎日、教師に反抗していました。問題行動も多く、毎日のようにトラブルを起こしました。教師が優しく諭そうが、厳しく叱ろうが、一向に行動は変化しません。

毎年荒れ続けているわけです。

高学年になり、基本的な対応は、「愛情を与えること」に決定しました。

というのも、愛着障害の傾向があったからです。愛着障害への対応の基本は、「愛情を与えること（愛着形成）」になります。

しかし、困ったことが起きました。愛情を与えると余計に反抗してくるのです。これが、愛着障害の対応で難しい点の一つです。愛情を与えてくれる人に対し、攻撃がよりいっそう激しくなるのです。

教師である私は、毎日優しく接しています。ところが、子どもの反抗は毎日エスカレートしていきます。

反抗ばかりの毎日に、職員室に帰ると、ぐったりする日々が続きます。いつまで反抗や攻撃が続くのか。出口の見えない状況です。

さて、ある日のこと、愛着障害に詳しい医師・教員と研修する機会がありました。状況を伝えると、次のような返答がありました。

愛着障害の場合、愛情を与える方法しか解決できないが、愛情を与えるとすぐに落ち着きを取り戻すという単純なものではない。しかし、いつか愛情の壺が満たされると、嘘のように落ち着く。反抗もなくなる。今やっていることは、愛着障害に対する最短距離の指導法だ。安心してそのまま続けなさい。間違っていないから。

この一言を聞いて、フッと心が楽になりました。

私は自分のやっていたことが「間違いではない」と知ったからです。

しかも、一時的に反抗が多くなった後、荒れは一気に収まることを知り、今後の見通しがもてたのです。


私は、自分の立ち位置を知ることができたのです。


自分の現在の教育が間違っていないこと。

そして、ゴールまであと少しのところに立っていること。

自分の立ち位置を、冷静に、俯瞰的に見ることができたのです。

その研修後は、毎日ぐったりとしている自分を、歓迎すらできるようになりました。余裕をもって今の自分を見ることができるようになったからです。


こうして、その子は高学年になって初めて落ち着きを取り戻しました。しかも、担任が変わって別の学級になっても、落ち着いたまま生活できるようになったのです。

大切なのは「俯瞰」できる目をもつことです。

新卒教師が肉体的にも精神的にも追い込まれて、不自由になってしまうのは、俯瞰できる目をもっていないからです。

自分が進むべき道を知り、今いる自分の方法が正しいかどうかを知り、そして自分の立ち位置や、ゴールを知る。

その俯瞰の目をもつことこそ、新卒教師に何よりも必要なことなのです。

目の前の仕事で精一杯。
自分やゴールが見えていない

子どもたちや自分、
ゴールを俯瞰して見ている

荒れた学級の子どもたちが求めているもの

荒れるクラスとは…

小学校1年生であっても荒れた学級はあります。

ベテラン教師の学級でも荒れることはあります。

もう20年ほど前から、「学級の荒れ」は全国どこでも見られるようになりました。そのため、**新卒教師でも、荒れた学級を受けもつことが生じています。**

荒れた学級では、通常では起こりえない光景が見られます。

「次の時間は算数ですよ」そう教師が言ったとします。

するとどうなるでしょう。

「え〜」「めんどくさい！」「嫌だ！」の大合唱。中には、それだけで、「切れる子」が数名います。「体育やろう！先生」と要求し始める子もいます。

次の時間は算数にするかどうかで、10分ほど騒乱状態になります。子どもが好き勝手にバラバラの要求を始めるからです。

10分後、何とか算数の授業が始まりました。しかし、ふて腐れて机に突っ伏している子が数名、教科書を出さずに遊び始める子が数名、ボーッとしている子が数名…、といった状態です。中には、暴言を吐く子もいます。「そんな問題分からねえよ！」「問題するの面倒だよ！」。おしゃべりも止まりません。授業中でも、教師の声が聞こえないほど騒々しいのです。

一度崩壊してしまうと、参観日ですら、立ち歩くようになります。走り回る子も出てきます。教室の隅では、膝を抱えて泣いている子がいます。「×をつけられたから、もう授業は受けない！」と叫んでいます。失敗してすねているのです。

小学校低学年の子でも、荒れた学級の子どもはすさまじいです。子どもとは思えない怖い表情をしていることもあります。大人を大人とも思わない発言、態度…。

「おう、お前（教師のこと）うるせえよ。いちいち俺のことを注意すんな！」

こんなことを、小学校低学年がドスのきいた声で言うのです。

低学年から荒れていた学年が、高学年になると、手がつけられなくなります。荒れた子が暴れ出すと、男の教員3人がかりでも止められないくらいのエネルギーを発散します。

さらに、怒鳴られることにも慣れています。強く叱っても利き目がなくなっています。このような状況は、体験者しか想像できません。これは大袈裟ではなく、「事実」なのです。

荒れの中心の子の自己肯定感を高める

荒れた子ども、荒れた学級では、通常の道理が通用しません。
まさに**「無理が通れば、道理が引っ込む」状態**になっています。

さて、荒れの中心的存在以外の子は、何をしているのでしょうか。

荒れている状態を何とかしようとは思っていません。諦めてしまっています。中にはまるで無視を決め込んで、自分だけはきちんとしている子もいます。

荒れ始めたときには、注意したり、たしなめたりしていたはずなのです。しかし荒れが常態になってからは、諦観するようになりました。やがて秩序のない状態に慣れ、見ていた子もルールを逸脱し始めました。ゲームやおかしをもってきた、靴を隠す、チャイムは守らない、掃除もしない…。それが当たり前になっていったのです。

荒れた雰囲気に流された子どもたちを、どうして教師が批判できるでしょうか。

荒れが噴き出しているのは、教師の責任です。そして嘲笑する観衆を生み出してしまったのも、教師の責任です。

荒れを止められるのは誰なのでしょうか。

荒れのただ中にいる子どもたちが求めているものは何なのでしょうか。

それは、道徳心をもち、人間としての正しい生き方を示してくれる、リーダーです。みんなをよい方向に引っ張り上げてくれる、力強いリーダーです。

すなわち、担任教師です。必要なのは、**担任教師のリーダーシップ**なのです。

荒れたクラスの中にも、きちんとしたい子はいます。

そのきちんとしたい子は、声を挙げられないでいます。しかし、無秩序の無法地帯では、正しい声を挙げることはできません。正しい声を挙げると、自分に矛先が向くかもしれないからです。その勇気が出ないのです。

本当は、その勇気こそ育てるべきなのかもしれません。

しかし、子どもにそれを要求するのは酷というものです。まして、無秩序と化した学級を、子どもたち自身が変えていくのは無理です。

教師が後押ししないといけません。

いや、教師こそが先頭に立って、一人一人に正しい方向、前向きな方向への声を挙げさせないといけないのです。

そして、**荒れの中心となっている子の、自己肯定感を高め、心のコップを上向きに変えないといけません。**荒れている子は、心のコップが逆さまになっています。この状態では、教師の声も、周りの友達の声も届きません。

根本的な解決のためには、荒れの中心となっている子の、心のコップを上向きに変える以外に道はありません。しかし、これには時間がかかります。

ならば、教室の大多数の行動を前向きなほうに、強引に変えないといけないのです。

それができるのは教師だけなのです。まず教師に求められるのは、力強く正しい方向に導いていくことのできるリーダーシップなのです。

細部にこだわる教師であれ

言葉一つに敏感であれ

休み時間に、喧嘩が起きました。目撃者が慌てて飛んできて言います。

「大変です。大騒ぎになってます！」

一階に降りていくと、二人の男子が取っ組み合いをしています。周りの子も、止められずに困っています。

周りは騒いでいますが、教師である私は落ち着いています。正確に言うと、**落ち着きをあえて演じます**。動揺が伝染するのを防ぐためです。

「どうした、どうした」と落ち着いた声で、間に入ります。

これで、とりあえず喧嘩が止まります。

当事者の二人は興奮冷めやらぬ様子です。周りもザワザワしています。

二人を連れて、誰もいない教室に入ります。シーンとした静寂に包まれます。しばらくして、落ち着いてから、一人ずつ話を聞きます。

「サッカーをしていて、お前へたくそ、と言われた。いつもそういうことを言ってくる。カッとなって足を蹴った。そしたら相手も蹴ってきた。喧嘩になった」

こういうとき、言葉の端々、**言葉一つに敏感でありたいのです。**

この言葉のどこに「気になること」があるでしょうか。

私が気になったのは**「いつも」**という言葉です。

いつもは我慢していたのだが、今日は堪忍袋の緒が切れたのだと思ったのです。

よく話を聞くと、頻繁に「侮辱の言葉」を言われていたことが分かりました。先に手を出したほうを叱るのは簡単です。ですが、先に手を出したのは口べたな子でした。言い返せないから、手が出たのです。

この場合は、「いつも侮辱される状態」を解決しないと、根本的な解決になりません。悪しき関係を壊さないと、同じことが繰り返されてしまいます。

このときは「言葉は暴力」という話をこんこんとしました。相手を嫌がらせる言葉を軽々しく口にしないこと、言葉の暴力という考え方もあることを説明したわけです。そして、先に手を出した子には、次から、手を出しそうになったら相談に来るよう言いました。

「喧嘩は両成敗すればよい」というのは確かに正しい考え方です。ですが、両成敗で済まないこともあります。子どもの話をよく聴き、小さなことにも気付けるような教師でありたいのです。


子どもの様子を見ると、ほんのちょっとした不自然な行動に気付くことがあります。

例えば、ある子が発表するときにクスクスと笑い声がするなどです。

また、「三人組をつくりなさい」と指示したら、巧妙な動きで、ある子を避けている姿が見られることもあります。「隣の人と相談しなさい」と指示しても、隣の子ではなく、後ろや前の子と相談し始めることもあります。隣の子は無視しているのです。

ほんのちょっとした動きです。

気付く人なら、4月最初の授業で気付く動きです。このちょっとした差別の動きに気付き、その場で、差別された子の気持ちになって指導できるかどうかがポイントです。

「先生は隣の人と相談しなさいと言いました」とぴしゃりと言うのです。毅然と言わなくてはなりません。ここで優しげな態度は必要ありません。断固として例外は認めないという態度で言い放つのです。

「○君、何を笑っているのですか？」と詰めることも必要になります。きっと「いや、ちょっと…」とごまかすでしょう。

「まさか、発表を笑っているのではありませんよね？」とさらに詰めます。

「いえ、違います…」などと下を向きます。

「そうですか。先生は頑張っている人を笑うという行為が許せません。それは頑張っている人に対して失礼だからです。まして人を馬鹿にして笑っているのであれば、それは差別です。差別は先生の最も嫌うものです。なぜ笑っているのか分かりませんが、誤解されるようなことは二度としないようにしなさい」。

もちろん、教師は差別で笑っていることは分かっています。しかし、**「誤解されるようなことはしない」で終わっておきます**。本当に差別しているとなると、差別された子が傷つくからです。

細部にこだわり、ちょっとしたことに敏感に反応できる教師でありたいのです。

教師力の中身を理解し、成長の見通しをもっておく

担任に必要な三つの力

どの職業にも、身につけるべき知識と技能があります。

医者、農家、建築家…、それぞれ特有の知識と技能をもっています。

教師もまた同じです。身につけるべき知識と技能があります。問題は、知識と技能の内容を意識できているかどうかです。それも系統的に意識できているかどうかです。

例えば、学級担任に求められる力は何でしょうか。

■授業力
■学級経営力
■子ども対応力

この三つは、担任が必ず身につけたい知識と技能です。

この三つを身につけていないと、教師としては「アマチュア」です。アマチュアで許されるのは、若いうちだけです。それも、3年目くらいまでと心得ておくとよいでしょう。

ここから、さらに中身を考えていきます。

「それぞれの具体的な内容は何か？」

これを即答できた人は、プロとしての「知識」はあります。

【授業力】

①授業技術・方法とそれを使いこなす技能

②授業展開・単元展開・教育課程を考える力

③優れた教材を準備する力

授業はよく料理に例えられます。「料理の腕」（①）と「レシピ」（②）と「新鮮なネタ」（③）です。さらにこの三つは、細かな内容を含んでいます。

例えば「授業技術・方法」の中には、次のようなものが含まれます。

①「話し方」や「板書の仕方」のような授業自体を進めるための授業技術・方法
②「問いを生じさせる方法」「討論を生じさせる方法」など、認識を飛躍させ、思考を促す授業技術・方法
③「水泳の教え方」「漢字の教え方」のような教え方の授業技術・方法

同じように、学級経営力には、以下のような内容があります。

【学級経営力】
①学級経営の具体的な技術・方法を使いこなす力
②学級マネジメントの方法を使いこなす力
③学級経営の筋道の理解

子ども対応力には、以下の内容があります。

【子ども対応力】
①専門的な知識に裏付けされた子ども理解の力
②信頼と尊敬を得る人間力
③子どもの対応の技術・方法を使いこなす力

このようなことを意識している教師と、意識していない教師とでは、成長が違ってきます。自分が成長するためにどうしたらよいのか俯瞰できているからこそ、「今どういう力が身についているのか」「身についていない力は何か」を考えることができるのです。

「教師力」とは？

これらをまとめると、「教師力」の中身が見えてきます。
教師力の中身とは、すなわち次の八つです。

1　授業力

2　学級経営力

3　子ども対応力（リーダーシップ、特別支援教育、生徒指導などを含む）

4　仕事のマネジメント力（仕事術や時間術を含む）

5　セルフコーチングの力（自己反省して学び続ける力）

6　メンタルコントロールの力（アンガーマネジメントを含む）

7　カリキュラム・マネジメントの力（教育課程の編成と、ＰＤＣＡサイクルを実行する力）

8　学校組織マネジメントの力

イメージしやすいよう、具体的な中身の例を（　）に示してあります。

新卒教師は、まずは何より1から3までの力を高めないといけません。その上で、4から6までも、少しずつ意識して高めていけばよいのです。4から6まではあせる必要はありません。ただ、早めに知っておいたほうが、精神的にも時間的にも、楽になるはずです。

なお、7以降は、主に学校づくりの内容です。学年主任や教務主任、管理職になってから必要となる知識や技能です。もちろん新卒教師にもかかわってくる仕事ですし、役割を求められることがあります。とはいえ、7と8もあせる必要はありません。あせらず地道に力をつければよいのです。

授業は素人にはできない

発問とは何か？

教師の仕事の中で、他と一線を画すのが、「授業」です。

授業だけは、技術・方法と技能を身につけないと、太刀打ちできません。

子ども対応は、ごまかしがきく場合もあります。子どもに接する経験の多かった人は、何とか最低限の対応をすることはできるでしょう。

ところが授業だけは、何ともなりません。どんなに才能やセンスのある教師でも、授業の技術・方法と技能がなければ、授業にすらなりません。

例えば、発問や指示を考えるとします。しかし、発問が思いつきません。発問を考えるには、「発問のつくり方」を知っておく必要があるからです。さらに、発問のつくり方を知っているだけでは不十分です。発問をつくる練習をしなくては、よい発問はつくれません。

ここで問いたいのです。

「発問のつくり方を知っていますか？」
「発問をつくった経験はどれだけありますか？」

最初は発問を10個つくって、一つよい発問が生まれるとよいほうです。

つまり、知識だけでは不十分なのです。練習をして、**技能にまで高めないといけないのです**。そして発問を考えているうちに、「そもそも発問とは何だろうか？」と根本的な問いが生まれます。自分は何も知らなかったと思い知ることになるのです（発問のつくり方や、発問とは何かは、拙著『ＷＨＹでわかる！ＨＯＷでできる理科の授業Ｑ＆Ａ』や、『プロ教師直伝！ 授業成功のゴールデンルール』（明治図書出版）に載せています）。

さて、ようやく発問をつくることができたとします。授業で発問してみます。すると、よい発問なのに、子どもの反応が悪いことがあります。なぜでしょうか。

それは教師の伝え方が悪いからです。発問の言葉一つ一つを、はっきりと子どもに分かるように伝えていないからです。

ここで、教師の「話し方」が問題となることに気付きます。語尾が聞こえなくなる、最初の言葉が聞こえにくい、話すスピードが速いなど、様々なくせを直さないといけないのです。それだけでも練習が必要になります。

授業で子どもが退屈そうなのは、授業力の不足が原因です。

授業には、授業技術・方法に関する「知識」が必要になります。

そして技術を使いこなす「技能」も必要になるのです。

優れた「教え方」に学ぶ

授業技術・方法の中には、すでに開発されている優れた「教え方」もあります。漢字や九九の教え方、作文や水泳の教え方など、多岐にわたります。他にも、「絵の描き方」「高いきれいな声での合唱の仕方」など、優れた教え方が開発されています。

知れば簡単なことなのです。その教え方を真似して、授業をすればよいだけだからです。大切なのは、このような代表的な「教え方」を**いくつ知っているか**、です。

サッカーでも、バスケットボールでも、短距離走でも、全部教え方があります。

ある新卒教師は、短距離走で、「とりあえず走ってみよう」と走らせるばかりで、授業を終えていました。国語もこの調子で、「自分なりに読もう」と音読させるばかりで終わるのです。相手が大学生ならいざ知らず、義務教育段階で、発問や指示、説明、評定も助言もない授業は考えられません。

「活動あって指導なし」の授業をしていたというわけです。

しかも、本人はまんざらでもない授業と自画自賛していたのです。「とりあえず走ってみよう」と指示するだけなら、素人でもできます。これは授業ではありません。しかし、作文でも合唱でも同じようなことをしている教師がいるのです。

とりあえず作文を書かせて、評価しないのです。合唱でもとにかく歌わせて終わりなのです。どこがよくてどこが悪いのかを教えることもしないのです。

これではだめです。よい授業がイメージできないなら、実際に参観させてもらえばよいのです。優れた授業の映像などを見て学んでもいいのです。

授業だけは、素人にはできない。この自覚から教師の学びがスタートするのです。

「ほめて伸ばす」教師であれ

勇気づける言葉かけ

アドラー心理学で有名なアドラーは、子どもの教育に関して次のように述べました。

教師の最初の仕事は、子どもの信頼を勝ち取り、その後で、勇気づけるということです。
『子どもの教育』（A・アドラー著、岸見一郎訳、一光社、一四三頁、一九九八年）

ここで大切なのは、**「勇気づける」**という言葉です。

「勇気づける」とは、具体的にどういうことでしょうか。

例えば、子どもに前向きな言葉をかける教師は、すばらしい教師と言えるでしょう。子どもが活動した後、必ず、教師の前向きな一言を入れていくのです。

①「ありがとう」と感謝する
②「すごいね」とほめる
③「先生はすばらしいと思いました」と感想を言う
④「そんなふうにできる人はきっと次も上手くいくよ」と励ます
⑤「なるほど、そんなふうにやったんだね」と認める

このような形で、とにかく前向きな一言をかけるのです。すると、この方向でよかったのだと、子どもは理解できます。また、「こんなふうに行動することが、周りの人に役立っているのだ」と分かります。

こうして、勇気づけられることになるのです。勇気づけられるから、次もまた頑張る気持ちが生まれます。教師の仕事を突き詰めると、「子どもの生きる力を高めること」だと気付きます。

ところが、若い教師が忘れがちなことが、まさにこのことでもあります。若い教師が陥りがちな失敗は、「子どもの悪いところを見つけて注意する」という正反対の方向に視点がいくことなのです。そこを変えていかなければなりません。

「ほめ方」の理論と方法を知る

そこで、特に意識しておきたいのが、**「ほめて伸ばす」**ことです。叱るのは簡単です。悪いところほどよく見えます。叱るのは誰でもできるのです。ところが、ほめるのは難しくなります。子どもの行動に注目し、よさに注目し、具体的な事実を挙げた上でほめないといけないからです。叱ることの何倍も難しいのです。

事実をとらえる。

これだけでも簡単ではありません。

事実をとらえるのは、そのための目がないといけないからです。水泳の上達が分かるには、水泳の技能を一つ一つ分けて見る目が必要になります。技能を分けて見る目があるから、「息つぎが上達してきた」「手の動きが上達してきた」という事実をとらえることができるのです。

作文の善し悪しを評価するのも同じです。作文の書き方の一つ一つを知っておかなくてはなりません。書き方を知っているから、「一文一義の達意の文が書けた」「周りの情景が目に浮かぶよう描写できた」という事実をつかめるのです。

このように、子どもをほめようと思えば、事実をつかまないといけないのです。

教育内容の系統性や内容の難易度の違い、どの程度練習すればどの程度上達できるのか、この年齢の子どもにはどの程度できるのか、そういったことを知っておかないといけないのです。

しかも、事実をつかんだとして、それをどうほめるかを考えなくてはなりません。

行動だけをほめるのか、それとも、成果をほめるのか、もともとの能力をほめるのか、頑張り続けた姿勢をほめるのか、その人自身の価値をほめるのか、ほめ方は様々あります。そして、それぞれ効果も違います。

つまり、**「ほめ方」の理論と方法を知っておかないといけないのです。**

だから「ほめよう」という決意を教師がもっておくことが、結局のところ、子ども理解や教材理解、子ども対応力の向上につながっていくのです。

それゆえに、「ほめて伸ばす」教師を目指してほしいのです。

プロとして生きよう

教育には明確によいものと悪いものがある

荒れた学級を受けもつと、始業式から騒乱状態になっています。おしゃべりをする子、プロレスを始める子、文句を言う子…。始業式なのに、その学級だけ騒がしいのです。チャイムが鳴って教室に入っても、騒がしさは変わりません。そもそも全員そろっていません。外で遊んでいるのです。

さて、この学級の担任として、始業式後の最初の挨拶で、何を言うべきでしょう。

実は、これは私が教師1年目に出会った状況です。私は悩みました。教師として初めての子ども対応であり、指導場面だったからです。その後も、荒れた学級を受けもつと、同じ状況を経験してきました。

Q「初日から騒がしい子どもたち。担任の最初の挨拶で、どんな話をしますか？」

何も叱らずに、楽しくやるか。それとも、少しくらいはたしなめておくのか。

この問いをすると、教師によって実に様々な答えが返ってきます。

例えば、「最初だから、何も言わない」という答えです。

これはまずい方法です。何がまずいかと言えば、式で騒がしくしてもよいのだという**「暗黙のルール（ヒドゥンカリキュラム）」**が生まれるからです。

やはり、注意をしなくてはなりません。ところが、この注意の仕方にも、よい方法と悪い方法があるのです。

「長いお説教」は、子どもの心に残りません。長いほどダレてしまうからです。

A「式のときは静かにしておくものです」

これくらい短く、さっと告げます。

次に、理由を説明します。理由を説明するかどうかが、プロとアマの差と言えます。

「なぜいけないのか」という理由を説明することで、納得が生まれ、行動が変わるからです。

「先生の話が他の人に聞こえなくなるからです」など、端的に伝えます。

ここで終わってはいけません。今は全体を注意しただけです。誰がよくて誰が悪いのかをはっきりさせなくてはなりません。

「始業式でちょっとでも騒がしかった人は手を挙げなさい」

手を挙げた子をすかさずほめます。

「正直に手を挙げた人は立派です」

「もう一度言いますよ。ちょっとでも騒がしかった人は手を挙げなさい」

「正直に手を挙げた人は次から大丈夫です。悪いことを認めることが大切です」

正直に反省した子はほめます。子どもですから失敗はつきものです。反省して改善する姿勢を見せていたらよしとしなければなりません。

さらに言います。

「静かにしていた人は立派でした。さすが一学年上になっただけはありますね。先生が見ていて、○さんと○さんの態度が特によかったです。姿勢よく話を聴けていました。立派でした」

名前を呼んでほめます。ここで驚きの声が挙がります。「どうして名前を知っているの？」と不思議そうな顔をしています。**名前は事前に覚えているわけです。**

始業式で騒がしかったときの対応だけでも、このように、質を高めていく必要があります。

優れた教育行為は、教育の原理原則が踏まえられているものです。原理原則に沿った教育行為だからこそ、子どもはよい方向へ変わっていくのです。

「緊張と緩和」を使う

さて、さらに上の方法があります。

教師の個性がここに加わるのです。経験豊富な教師は、個性も合わさった形で、原理原則を使いこなします。

例えば、始業式のことに触れずに、普通に自己紹介をします。

「先生の名前は○○です。趣味は○○で、得意なことは○○です…」、などと自己紹介し、楽しい雰囲気で進めていきます。

子どもの中には、「あれっ？　始業式で騒がしかったのに注意しないのかなぁ」と、戸惑っている子もいます。

こうして楽しく学級開きが始まり、しばらくして、教師の所信表明に入ります。

どんな学級にしたいのか、どんなことを頑張ってほしいのかを伝えます。

このとき、あえて、「失敗をきちんと認めて、次から頑張る姿勢を見せるのが大切です」という話をしておきます。これが布石になります。

こうして、自己紹介も所信表明も終わったところで、簡単なゲームに入ります。

「せっかくみんなと出会えたので、楽しいゲームでもしましょうか」

教室は「やった〜ぁ！」と歓声に包まれます。

ここで教師が真剣な表情で、声のトーンも落として言います。

「…でもね、さっきの始業式で、ちょっとうるさかった人がいたんだよね。静かに校長先生の話を聴けていた人もいたけど、おしゃべりした人がいたんだよね」

教室は一気にシーンとなります。

「ちょっと騒がしかったかも、という人は正直に手を挙げてごらんなさい」

すると、数人しか挙がらないはずです。この数人をほめます。

「自分で自分が悪かったって反省ができるんだね。すばらしいと思います」

そしてもう一度尋ねます。「ほんのちょっとでも、騒がしかったかも、という人は手を挙げてごらんなさい」今度はもっとたくさんの手が挙がります。

「先生は先ほど、失敗をきちんと認めて、次から頑張る姿勢を見せるのが大切ですと話しました。この学級は失敗をきちんと見つめることができるんだね。式など、みんながいる場所では騒いだりしません。話が聞こえなくなるからです。次から静かにするという人は手を挙げましょう」

騒がしかった子は、手を挙げるでしょう。最後に、静かにしていた子を「名前を読んで」ほめていきます。「先生が見ているとね、○さんと○君は、とても静かに話が聴けていて、さすが新4年生だと思いました」などと言うのです。

一度そのことには触れずに楽しい時間を過ごします。

そのあと、急にピリッとした声で、「でもね」と話し始めるのです。

いわゆる、**「緊張と緩和」**を使った指導の例です。緊張する場面と楽しい場面と、メリハリをつけるのです。実力のある教師の指導には、必ずメリハリがあるものです。

自律に向かわせるコーチングの手法

さらに言えば、プロは状況に応じて、教育技術・方法を「選択」することができます。

この学級は、前年度少しずつ自律できる子が増えていた。だったら、始業式が騒がしかったのは、たまたまかもしれない。それならば、少しレベルの高い指導をすべきだ。自己評価をさせてみよう。

このように状況に応じて、指導の仕方を変えるわけです。

先ほどのゲーム前のシーンに戻ります。ゲーム前に突然言います。

「…あっ、でもね…、そういえば、さっきの始業式、みんなちゃんとできたと思う?…静かに話を聴いていたかな?ふざけないで、じっと話を聴けていたかな?自分で何点ぐらいだと思う?」

100点をつけた子には、「すばらしいなぁ。さすが一学年上になった人ですね」と言います。

少し減点した子には、「自分で自分の行動を振り返って反省できる人は、すばらしいです。次はきっと大丈夫だよ」と励まします。

このように、自己評価をさせ、そして次からどうしたらよいのかを子どもに考えさせるのです。これは自律（自立）に向かわせる**コーチングの手法**を使っています。

ティーチングの手法と、コーチングの手法のどちらを使うかは、子どもの状態によって変わります。「ある程度自律できるだろう」と、そこまで洞察できる教師なら、この場面でコーチングの手法を選択するのです。

このようにプロの技はひと味もふた味も違うのです。

自律に向かわせるコーチングの手法

1
今日の活動は
何点だった？
振り返ってみよう！
2
今まで教えてもらった
ことができたかな？
次からどうしたら
いいかな？

子どもに自己評価させ、次のことを考えさせていく

「全員を必ずできるようにする」と決意する

子どもを信じ続ける

ある子は勉強が嫌いでした。特に算数の時間になると、机に突っ伏しました。教科書を見るのも嫌でした。当然、習得できていない内容がたくさんありました。覚えるのも苦手で、社会科では、テストをビリビリに破くこともありました。ほとんど解答できなかったからです。

担任が熱心に教えても、勉強が苦手で、嫌いなままでした。授業を脱走することもしばしばでした。担任した教師は口をそろえて言いました。「この子は勉強ができない子なのだ」と。

保護者も諦めムードでした。何せ、すでに高学年になっていたからです。

肝心の本人も、「どうせ自分は勉強ができない」と言うようになっていました。

こうして私が受けもつことになりました。

受けもってしばらくして、ノートをたくさん書くようになりました。

嫌いな算数のテストで100点をとるようになりました。

そして、「勉強がだんだん好きになってきた」と言うようになりました。


さらに、自主勉強を家でするようになりました。驚いた保護者から、電話がかかってきました。

「家で我が子が勉強している、先生が特別なことを言ったのか？」と。

もちろん、特別なことは何も言っていません。

授業中に脱走することは1年で1回もありませんでした。それどころか、2学期には、苦手な社会科のテストで100点をとるようになりました。

勉強ができるようになったことに、本人も保護者も、周りの教師も驚きました。

なぜ、勉強ができるようになったのでしょうか。答えはとても簡単です。

「その子を必ずできるようにする」

その決意を、教師が最後まで貫いたからです。

言い換えれば、**「その子は優れた力をもっている。必ず伸びるはずだ」と信じ続けたから**です。

教師の「期待」の重要性

教育の世界には古くから**「ピグマリオン効果」**（米国の教育心理学者・ロバート・ローゼンタールが1960年代に提唱）が知られています。

教師が期待した子どもと、そうでない子どもとでは、成績の伸びに明らかな違いが見られたという実験です。つまり、人間（教師も子どもも）は期待された通りに成果を出す傾向があるということです。

教師からすれば、「できる子」を担任しているので、よい成績をとらせなくてはなりません。成績が低いと教師の責任になります。指導に力を入れるようになります。

子どもからすれば、教師が「君はできる！」と力強く毎日言ってくれるので、その気になってきます。期待に応えようと思えます。よりいっそう努力するようになります。

教師の粘り強い指導と、子どものよりいっそうの努力が相乗効果を生む

そういう原則があるのです。

これまでの担任は、その反対になってしまっていたのです（ゴーレム効果などと呼ばれます）。「できない」と思い込んでいるので、教師は指導を諦め、本人も努力をしなかったのです。

もちろんこの原則は、「過度の期待」をその子にかけることを意味しません。そうではなく、「自分は勉強ができる力がある」ことに気付かせていくことを意味するのです。

机に突っ伏していても、簡単な問題ならやろうと思えます。簡単な問題を解いたのなら、「正解だよ。やればできるね」と肯定的な声かけをします。

分からなくて困っているなら、そっと赤鉛筆でヒントを出したり、一言助言を与えたりします。うまくいかないことがあれば、「ここができていたよ。次からはこうすればうまくいくよ」と温かく助言をします。

つまり、頑張りを認め、成長した事実をつくり、その子に「自分は勉強ができる力がある」ことに気付かせるのです。

教師の粘り強い指導に必要なのは、できないことを、その子のせいにするのではなく、自分自身の指導が悪いからだと考えることです。そして様々な教育技術・方法を試して、最後まで諦めずに指導を続けるのです。

すると、できた事実、成長した事実が生まれます。事実が子どもの意識と考え方を変えていきます。「自分は勉強ができる力があるのだ」と。

例えば、高学年になっても、九九を覚えられない子がいます。

それどころか、簡単な足し算ができない子がいます。

運動技能がなかなか向上しない子がいます。

何度練習しても、漢字が覚えられない子もいます。

保護者や本人すらも、諦めている場合があります。

しかし、最後まで諦めてはならないのは教師です。進歩することを信じて粘り強く指導を続けなくてはなりません。しかも、できないのは教師の責任であると心得ておくのです。

やがて、できるようになった、向上したというドラマが生まれるはずです。教育を諦めていたら、このドラマは生まれません。

二重跳びが絶対に無理だと思われた子が二重跳びができるようになりました。

水泳ができないと思われていた子が、水泳大会に出場するほどになりました。

そんなときに、教師も保護者も、そして本人も、自分の可能性を信じ、そして努力を続けることの価値を知るのです。

第2章

始業式前の準備編

―最高のゴールを思い描く―

余裕をもつためには「見通し」が必要

教師に求められる情報収集の力

4月1日に学校へ赴任します。そこで、担任する学級が分かります。その後、地域への挨拶回りや会議、教室の片づけで、1日が過ぎていきます。あっという間に1週間が過ぎ、始業式を迎えます。そしてあれよあれよと、多忙な日々が始まります。気がついたら4月が終わっています。これではまったく余裕などありません。余裕のない中では、よい授業も、よい学級経営もできません。では、どうすれば余裕が出てくるのでしょうか。

POINT

「見通し」をもって、仕事の計画を立てておく

「見通し」をもつからこそ、時間的にも精神的にも余裕が出てきます。では、具体的に何をすればよいのでしょうか。

必要なのは、**情報収集**です。

4月からの、「仕事の流れ」を確認しなくてはなりません。

大まかに言えば、**「1か月先の見通し」**をもっておけばよいのです。

なぜ4月からの1か月だけでよいのでしょうか。

実は、4月に授業や学級経営が軌道に乗れば、その後もうまくいくからです。特に、「学級開きから1週間後」までは、1日の流れを詳細にイメージします。最初の3日間は、さらに事細かに考えていきます。教師の指示や説明、語り、子どもへの声かけなども想定しておかないといけません。

①4月1か月間のスケジュールを確認しておく
②学級開きから1週間のスケジュールを確定し、1日の流れをイメージしておく
③学級開きから3日間は、教師の発言まで事細かに用意しておく

なぜ最初の3日間に、細案までつくっておくのでしょうか。

それは、子どもたちが**「この教師は信用できるかどうか。信じてよいリーダーかを確認している期間だから」**です。

例えば、「明日のイベントは体育館に集合です」と指示したとします。しかし、実は「運動場に集合」の間違いでした。

体育館に集合してしまった子どもたちは、せっかく集合したのに、教師から「ごめんごめん。実は運動場だった」と後から聞くことになります。これで、信用にほんの少しだけヒビが入ります。

もともと教師への信頼は0からスタートしています。しかも、第一印象です。教師へのちょっとした不信感が、後々まで残ってしまうのです。最初にもったイメージはなかなか覆らないからです。

だからこそ、入念な準備をしておく必要があります。

4月1か月分のスケジュールを確認します。仕事のおおよその内容が分かります。仕事の内容が分かると、1日分の仕事量も分かってきます。優先順位も分かります。これで、見通しをもって、あせらず仕事が進められることになります。

続いて、具体的に仕事をどう進めるかを考えます。授業なら、各単元の授業をどう進めるかの資料が必要になります。学級経営なら、子どもの発達段階や、この学年の子どもに適した学級経営を解説した資料が必要になります。

そこで、春休みのうちから、とにかく教育書を1冊でも多く集めます。目安としてはダンボール1箱分です。少しでも関係する本は集めておくのです。借りてもよいのですが、購入するのが一番です。買ったものは必ず読むからです。資料は教室の本棚に置いておきます。困ったときに調べられるようにしておくためです。

そして、時期が来たら、指導の方法が書かれてある本を読めばよいのです。

余裕がないのは、次に何の仕事が発生するのかが分からないからです。自分が担当した校務分掌で、いつ、どんな仕事が発生するのか、それを調べておくだけで、余裕が出てきます。

子どもに関する情報を集めるだけ集める

前向きな姿勢や行動を増やすには…

ある子は、教師に対して反抗的でした。

例えば、「連絡帳を書きます。時間割と宿題を写しましょう」と指示したとします。すると、すぐにマイナスの発言を返してくるのです。

「連絡帳書くのめんどくさいなあ、嫌だなあ」

「どうせ僕は宿題できないからね」

こういう場合、教師としては、まず、たしなめることに意識がいくはずです。普通は、「マイナス言葉を言わないようにしましょうね」と注意するはずです。

ところが、憎まれ口をたたくのには理由がありました。実はこの子は、昨年度、勉強もスポーツもうまくいかず、しかも先生から叱られてばかりで、自信を失っていたのです。

理由が分かると、子どもに対する印象が変わります。

「今は自信がなくなってしまって、自暴自棄になっているのだな」

「ほめる方向で指導しよう」

このように思えるかもしれません。そして、次のように指導は変化しました。

①マイナス発言に対しては無視をして、教師の注目を与えない

②反対に、頑張ろうとした瞬間に注目して、前向きな姿勢をほめる

つまり、憎まれ口や文句は聞いていないように装い、頑張ったときにその頑張りに注目してほめるようにしたのです。

いわゆる**「お目こぼし」**という、昔からある指導法です。自信をつけることを優先したわけです。さらに、「やりたくないこと」に対しても、頑張ろうとする姿勢を見せたときには、大袈裟にほめました。

憎まれ口をたたいても、しばらくすると、指示された作業を開始するものです。

先生は、先ほど連絡帳を書きますと言いましたね。それで、何人かが面倒だなとマイナス言葉を言いました。先生はマイナス言葉は好きではありません。でも、面倒だと言った人も、しばらくすると、きちんと丁寧に連絡帳を書いてもってきました。面倒なことでも、きちんとやろうと思ったことが先生はうれしいです。自分が面倒だなと思うことでも我慢して頑張る人は、絶対に伸びていきます。

このように断定的にほめるわけです。すると、その子は、ハッとした顔をして、「自分のことだな」と気付きます。「次からはマイナス言葉を言わずにさっと作業に入れるともっとよいですね」と付け足してもよいでしょう。

指導が変わった結果、文句や憎まれ口の数は減り、前向きな姿勢や行動が増えてきたというわけです。

学級開きになり、初めて子どもたちと出会います。

孫子の兵法で**「彼を知り己を知れば百戦殆うからず」**というものがあります。

相手を知るからこそ、その子に合った指導が思い浮かびます。

指導要録はもちろんのこと、前担任との引き継ぎや引き継ぎ文書、特別支援教育の記録、健康に関する記録、家族構成に関する記録など、様々な記録を読んでおくのです。

担任する相手をまず知らなくてはなりません。

子ども自身の情報だけでなく、家庭や家族の状況や、友達関係も知っておかないといけません。子どもに関する情報が集まれば集まるほど、教師の指導の仕方は「自然と」よいものになっていくのです。なぜなら、情報が集まるほどに、その子に合った指導法が「見えてくる」からです。

彼を知り己を知れば百戦殆うからず
子どもの情報を
できるだけ多く集めることで、
その子に合った指導が
思い浮かぶのじゃ
孫子
情報
情報
情報
指導法

学級の子どもたちの実態をつかむために

様々な調査結果を確認する

受けもつ学年と学級が決まったら、実態調査を開始します。まずは、学力調査です。去年までの成績は、指導要録を見れば分かります。他に、学力調査の結果や、知能検査の結果があるかもしれません。

さらに所見も見ていきます。生活の様子が書かれているはずです。ここでは、次の視点をもって見ていきます。

①「努力を続けることができるか」
②「素直さがあるか」
③「何かに挑戦する気持ちがあるか」

実は、この三つは、昔から現場で伝わる「伸びる子の三条件」です。三つのうち、どれか一つでもあればよいのです。今はその様子が見られなくても、後から育てたらよいのです。

続いて家庭の様子を見ていきます。家庭調査表を見れば、家族構成が分かります。不登校の兄弟姉妹や、病気の家族がいることもあります。家族に何らかのデリケートな問題があると、その子もまた不安を抱えている可能性があります。

また、家族の仕事が忙しく、子どもに接する時間が少ない家庭もあります。経済的な理由で筆記用具をそろえられない家庭もあります。子どもの背景を知り、教師が配慮しないといけないところです。

さらに、子どもの健康状態も確認します。

保健調査表を見れば、病気の有無が分かります。虫歯一つとっても、その子の生活習慣が見えてきます。視力の状態や障害の有無を調べていきます。

また、生活調査の記録を残している場合もあります。睡眠時間やテレビ・ゲーム・インターネットの時間、3食欠かさずにとっているか、そんな情報を少しでも集めていきます。

昔から、学力が伸びる生活習慣として、**①睡眠時間が多い、②テレビやゲーム、インターネット**

の時間が制限されている、③3食バランスよく食べる、ということが言われているからです。

ところでこの調査は、子どもの写真を置いて、子どもの顔と名前を確認しながら行っていくのがオススメです。子どもの顔と名前も覚えられますし、何より、子どもへのイメージがだんだん浮かんでくるからです。

もちろん、最初に浮かんだ子どものイメージは、単なる教師の思い込みにすぎません。実際にはまったく違うこともよくあります。でも、子どものイメージを大ざっぱでももっておくことで、子どもの対応が変わっていくのです。家族に大きな問題を抱えている子がいるなら、その日の朝に遅刻してきても、「よくきたね」という反応になるはずです。

何も知らない教師が「初日から遅れてくるとは何事だ」と怒ってしまって、せっかくの出会いを台無しにしてしまうこともあるのです。

その子の特性に合わせて指導する

生徒指導上の問題がある子どもや、発達障害の支援が必要な子どもに対しては、特に実態調査が重要になります。個別の指導計画やその指導記録が残されているはずです。

それを探して読んでおきます。時系列に、「こんな指導をしたら、精神的に不安定になった」とか、「こんな指導をしたらうまくいった」といったことがつかめます。

発達障害で大切なのは、その子に指導を合わせることです。教師の指導に合わせるのではありません。その子の特性に指導を合わせていくのです。

ですから、うまくいった指導事例をできるだけ多く集めなくてはなりません。

そして、うまくいった指導事例から、その子に合った指導の「法則」を探すのです。

これら全ての実態調査は、次のような考えを基にして行っていきます。

教師がやりたいと思う指導が先にあるのではない。子どもの実態に合わせて教師の指導を合わせていく。

つまり、「今年はこういう指導で子どもを育てていこう」という指導法が頭にイメージできるまで、子どもの実態を調べていく必要があるのです。

前担任との引き継ぎで尋ねておきたいこと

特別な支援が必要かをどのように判断するか

実態調査では、前担任との引き継ぎが有力な情報源になります。

ここで確認しておきたいのが、具体的な子どもの様子です。学校生活の様子、性格、友達関係、いじめの有無など、重要な情報を確認します。「丁寧さがあるか」「積極性があるか」「協調性があるか」「自信があるか」「勉強をする習慣があるか」など、詳しく確認していきます。

そしてあと一つ確認しておきたいことがあるのです。

それは、特別な支援を必要とするかどうかの確認です。

特に、問題行動（と前担任が思っている行動）が多かった子に対しては、特別な支援が必要かどうか、この時点で考えておきます。

というのも、出会ってから特別な支援が必要かどうかを判断しているのでは、「手遅れ」になる可能性があるからです。

最初の出会いが大切です。出会いの日に、その子に前向きな言葉をかけられるかどうか、です。これで、教師との良好な関係が築けるかが決まるくらい重要なのです。

特別な支援が必要であるかの判断材料として、次のことを確認します。

①パニックはあったか（失敗したときや叱られたとき）
②不器用さは見られたか（書くことや運動、指先の動作など）
③コミュニケーションの程度
④こだわりがあるか
⑤多動はあるか（ソワソワと落ち着きがないか）
⑥衝動性はあるか（教師の発問にすぐ反応して答えるなど）
⑦不注意はあったか（教師の指示通りにできるか）
⑧学習で何か極端にできないことがあるか（話す・聞く、計算・推論、書く、読むなど）
⑨生活技能（歯磨き、片づけなど）と社会のルールは身についているか
⑩大人と口論したり反抗したりすることがあったか

［引用・参考文献］大前暁政著『学級づくりスタートダッシュ』学陽書房、27頁、2010年

それぞれの項目には意味があります。

「多動」は、ＡＤＨＤ（注意欠陥・多動症）の特性ですし、「こだわり行動」「同一性保持」「独特な社会性」などは、自閉症スペクトラムの特性です。

「社会のルールを守らない」「大人と口論・反抗」というのは、二次障害を尋ねています。二次障害は、もともともっている障害ではありません。本人に無理が出てきて、新たに（二次的に）障害となってしまったのです。例えば、「万引きをする」「地域の大人に反抗的な態度をとる」そういうことがあれば、二次障害の可能性があります。

また、もう一つ注意したいことがあります。それは、「多動」や「独特な社会性」があっても、別の障害である場合もあることです。

それは医師であり発達障害の専門医である杉山登志郎氏が、「第四の発達障害」と呼んでいる「愛着障害」のことです。幼い頃に愛着がうまく形成されずに育ってしまった子どもの中で、愛着障害になる子が少なからずいます。この場合も、愛着障害の特性に合わせた指導をしなくてはなりません。

障害の特性を理解するために

ある担任と障害をもつ子の出会いはすばらしいものでした。出会いで何があっても「ほめる」と決意していた教師です。

その子は前年度は叱られることが多く、そのことにより失敗して自信を失っていました。そこで教師は、出会いの場面で何としてもほめようと決めていたのです。朝、元気に挨拶をしてくれたことをしっかりとほめ、みんなの前でもほめました。その結果、その子は「今年は頑張れそうだ」と笑顔になりました。最高の出会いができたのです。

この反対の例もあります。引き継ぎで「多動の傾向がある」と言われていた子を受けもった担任がいました。ところが、式典で「じっとしていなさい」と指示を出してしまいました。結果はどうなったでしょうか。最初、その子はじっと我慢して動かないように心掛けていました。ところが、だんだんと動きを止めるのがしんどくなり、汗をかき、「う〜」とうなるように声を出し、最後はパニックになってしまいました。最悪の出会いとなってしまったのです。

本人の障害の特性を無視して、無理な指導をすると、悪影響が出ます。無理な対応こそが、二次障害を招くのです。それを防ぐためにも、次のような指導を心がける必要があるのです。

子どもの個性に合わせた指導を行う　＋　発達障害の特性に合わせた指導を行う

子どもの情報をできるだけ集めるのは、その子どもの個性に合わせて指導をするためだと言いました。

もう一つ意味があるのです。それは、発達障害の特性をもっているかどうかを調べ、発達障害の特性に合わせた指導が必須だからです。

もちろん我々教師は、医師ではないので、「あの子は○○だ」と断定はできません。

しかし、発達障害とは関係なくても、先ほど紹介した10項目は子どもを知る上で重要な情報となります。

私の場合は、発達障害を専門とする医師が身近にいて、相談できる状態にありました。困ったときにどう対応したらよいか、逐一聞いていました。

発達障害に対応するには、専門的な知識が必須です。発達障害の特性の理解と、その特性に合った指導法の理解のため、専門書を読んでおく必要があります。

特別な支援が必要な子どもへの指導

教師は必ず専門家と連携して指導に当たる！

教室環境を考える

子どもたちの学びを助ける環境づくりを

よい教室環境の前提条件と言えるのが「清潔感」です。

窓や床が美しく磨かれている。
机の中やロッカーが整頓されている。

教室は学ぶ場です。学ぶ前に、場を清める。この習慣が何よりも大切です。

その上で、少し見栄えのよい掲示物でもあれば十分です。ただ、教師が見栄えのよい掲示物を毎回つくっていると時間がかかります。

そこで、子どもの作品を、月替わりで掲示する仕組みをつくります。

POINT
掲示物の「更新」を、自動化する

例えば、教室の後ろの壁に、クリアファイルを貼っておきます。そして、定期的に、クリアファイルに作品を入れるよう指示します。そうすれば、作品が返却されるたびに、そのクリアファイルに子どもが作品を入れます。A４サイズなら、A４サイズの絵や作文などの作品が、月替わりで入ります。他にも、係のポスター、学級通信、学年通信…、全て当番の子が貼るようにします。

掲示物に時間を使わず、授業の準備にこそ時間を使うべきです。

さて、教室の後ろにはスペースがあります。このスペースをどう活用するかについて考えておきます。例えば、パソコンやタブレットを置いておくと、調べ学習や印刷がすぐできます。「畳」を置くのもよい活用

クリアファイルに
子どもたちの絵や
作文などを入れておく

法です。読書やカルタなどのスペースにできます。なお、昔遊びは、教室の文化を高めるため、是非置いておきたいものです。カルタ、百人一首、将棋、囲碁などです。囲碁の場合は、9路盤や碁盤が小さな子ども用のものでよいのです。けん玉やコマなども置いておくとよいでしょう。

また、教師が読ませたい本も教室の後ろに並べておきます。偉人伝、日本の歴史、世界の歴史、世の中にはどんな職業があるかの一覧など、様々な本を置いておきます。

ちなみに、黒板まわりには、掲示物は貼らないようにします。特別な支援を必要とする子の中には、掲示物に意識がいってしまい、授業に集中できないことがあるからです。

さらに教室の後ろには、貸し出し用の文房具や、メモ用紙が入った箱を置いておきます。鉛筆や消しゴム、定規、赤鉛筆、マジック、コンパス、三角定規、習字の筆など、必要になりそうな物は全て置いておきます。絵の具セットや墨汁も置きます。

教室の後ろに置くのには意味があります。

忘れたことに気付いたら、本人が教室の後ろにサッと行って、必要な物を借りることができるようにしておくためです。授業が始まってから、「先生、赤鉛筆を忘れたので借してください」などとやり取りすることだけは避けなければなりません。授業開始の緊張感が台無しになりますし、時間の無駄です。さらにそこに教師の説教が加わると、子どものやる気もなくなります。

「忘れ物に気付いたら自分で借りに行き、忘れた分、勉強で挽回してね」と言っておけば済むことです。

廊下には、休み時間用の縄跳び、ボール、逆上がりの補助具、大縄跳び用の縄、フリスビー、ラグビーボール、リレーのバトンなどを置いておきます。特にタグラグビーを行う中学年なら、子どもたちの中でラグビーが流行すると予想されるので、ラグビーボールを置いておくのです。

逆上がりの補助具を置いているのは、逆上がりを毎日少しずつ練習していれば、筋力がついてきて、やがて補助具なしでもできるようになるからです。つまり、継続して取り組んでほしいから、いつでも練習できるようにしているのです。

運動が苦手な子のために、テニスのラケットや、バスケットボール、二重跳びがしやすい縄跳びなど、「自由に使ってよい」というルールにしておきます。

最高のゴールを思い描くために

はじめにゴールありき

あるとき、初任者研修で、理想とする授業や学級経営を発表し合ったことがありました。そのとき多く出されたのが、次のようなものでした。

「とにかくおしゃべりがなくなって、静かな授業になること」
「喧嘩やトラブルがなくなって、落ち着いた学級になること」

多くの新卒教師が、「平穏無事に1日が過ぎること」を願っていたのです。裏を返せば、それだけ多くのトラブルが毎日起きていたのでした。

およそ全ての仕事は、「ゴールを描くこと」から始まります。授業なら「学習目標を達成した子どもの姿」、学級経営なら「1年後の成長した集団の姿」、子ども対応なら「その子の成長した日常の姿」、それを思い描くことから、指導は始まります。

そしてゴールがあるからこそ、手立てが見えてきます。手立てが見えてくるからこそ、適切な指導ができるというわけです。言わば、PDCAサイクルの、**「P＝プラン」が大切になる**のです。

ところが、「ゴールをイメージしてください」と言って、それで新卒教師がすぐにゴールをイメージできるかと言えば、難しいでしょう。

当然のことながら、教師としての知識や経験が不足しているからです。研修の機会もほとんどないため、優れた学級経営、優れた授業とはどんなものか、イメージがわかないのです。そのため、力のあるベテラン教師が思い描く理想の教室と、新卒教師のそれとは、隔たりが生まれます。

多くの若い教師が、自分が小学生、中学生だったときの記憶で、一番よい学級や授業をイメージしてしまいます。もっと上のゴールがあり、そこに到達することは可能であるにもかかわらずです。

ゴールを描くには、まずは自分のイメージを豊かにすることが必要になります。

いろいろな研究会に参加したり、先輩の実践や映像などを見たりすれば、「こんなにもレベルの高い学級経営や授業があるのか」と実感できるはずです。

「子どもだけで討論をしながら授業が進んでいく様子」
「一人一人が自律し、次々と子どもから企画が寄せられ、学級が充実していく様子」

このような実践に触れなくてはなりません。

さて、イメージを豊かにするだけでゴールを描く作業が終わりかと言えば、そうではありません。なぜなら、ゴールの描き方には、ステップがあるからです。

最初に行うのは実態調査です。

次に行うのは、保護者や子ども、地域、学校の願いを知ることです。

三つ目に行うのは、教師自身の願いを決め、ゴールを思い描くことです。

四つ目に行うのは、ゴールに到達するまでの期日を考えることです。

1学期はここまで到達して、2学期にはここまで、そうすれば3学期の終わりにはゴールに到達できるという、期日を考えるのです。

これでやっと、「PCDAサイクル」の「プラン」の段階は完了となります。

より高いゴールを目指す

新卒教師は、「落ち着いた学級をつくりたい」と思っている人が多いと思います。しかし、「落ち着いた学級」は本当のゴールではありません。本当のゴールはもっと高みにあります。

「ルールやマナー、モラルを守ることが大切なのだと理解して、自分から守る」
「仲間と協力することの価値を理解し、自分から協力しようとする」
「教師に言われたからではなく、自分から、高い目標に向かって努力を続ける」

そんな**「主体性」**がある子どもの姿が見られることが、本当のゴールなのです。

教師が思い通りに子どもを「統制」している状態がゴールではありません。子どもが自分から頑張るようになることが、より高いゴールなのです。ゴールが意識できていないのに、授業でも学級経営でも、教師が理想とする姿に到達することはまずありません。教師が思い描くゴールがあるからこそ、そのゴールが現実に達成できるのです。

典型的な「失敗例」を知っておく

若い教師が必ずやってしまう「失敗」があります。若い教師の多くが、同じ失敗の道を歩んでしまっています。

実は、この失敗を避けるのは簡単です。**失敗例を4月までに知っておけばよい**のです。

典型的な失敗例はいくつもあるので、ここでは、最も気をつけたい「四つの失敗例」を挙げます。

①指示通りにさせない失敗

一つ目は、「指示通りにさせない失敗」です。指示したことは、全員にやらせなくてはなりません。特に、学級開きから1週間までは、指示の徹底が必要です。

指示通りにさせることで、「指示をよく聞いておかないといけないな」「適当にやってはいけないな」「この先生はごまかせない」と子どもが学ぶのです。

例えば、次のように言ったとします。

「連絡帳を書いたら、教卓に出しておきましょう」

若い先生ほど、指示を出したら、あとは勝手にやってくれると思っています。しかし、そんなことはありません。指示通りにやっていない子が必ずいるのです。だから、確認をしなくてはなりません。全員ができているかを確認します。日付を書かない子、持ち物を書かない子、様々な子がいます。おまけに、教卓に出していない子もいます。全て指示通りではありません。

「こんな細かなことも徹底するの？」と思えるかもしれません。ところが、ちょっとした指示の不徹底から、学級崩壊は始まるのです。むしろ、細かで簡単なことだから、徹底しやすいとも言えます。

一人でも見逃すと、まさに「蟻の一穴」です。「あの先生はごまかせる」と思われてしまいます。そこから集団は崩れます。

荒れた学級では、半数以上、指示通りにできないことも珍しくありません。

「背の順に並びなさい」「呼ばれたら返事をしなさい」「赤鉛筆を使いなさい」。見事に、全ての指示を無視する子がいるのです。だからこそ、このような簡単な指示の徹底を、できるだけ早くやっておき、全員が合格するまでチェックする必要があります。

②私語を許している失敗

二つ目は、教師が話しているときに、私語を許している失敗です。子どもにとっては、「おしゃべりをしていてもよいのだ」と理解されます。こうして、教師の話の途中でも私語をはさむのが常態化してきます。

また、教師が話している途中で質問をはさむ子もいます。

教　師：「今日は1時間目に始業式があります」
子ども：「何時から？」「どこで？」「いつ終わるの？」「その後は？」…

荒れた学級ほど、子どもたちは口々にバラバラの質問を返してきます。

話に関係あればまだよいほうで、「先生、今日の給食は？」「休み時間はあるの？」とまったく関係のない質問をすることもあります。収拾がつきません。

そんなときは、「先生が全部話すまで質問をはさみません。話が分かりにくくなるからです。質問するのは悪いことではありません。先生の話が全部終わってから、質問がある人は手を挙げましょう」と、クギをさしておくだけでよいのです。

このように、「黙って話を聞くこと」を徹底しなくてはいけません。

③最初に望ましい行動を示さない失敗

三つ目は、最初に望ましい行動を示さずに、後で説教することになる失敗です。

望ましい行動は最初に示すのが原則です。


例えば、理科室の使い方を説明するとします。

「理科室では走りません。物が壊れて危ないからです」

このように話すはずです。望ましい行動が分かるから、子どもはそれを意識して行動できます。

そして教師は、頑張りをほめることができます。

これを反対にしてしまう教師がいます。すなわち、「駄目な行動を後から怒る」のです。走っている子を見て、「理科室で走るなんてとんでもない！」と怒るのです。望ましい行動を、最初から子どもが理解しているとは限りません。走ってほしくないなら、最初にそう言えば済むのです。

④遅れる子を待つ失敗

四つ目の失敗例は、「遅れる子を待つ」失敗です。

例えば、「今から体育館で離任式です。廊下に並びましょう」と言ったとします。このとき、さっと並ぶ子もいれば、だらだらと並ぶ子もいます。友達とおしゃべりを始める子もいます。遅い子を待っていると、早く集まった子が損をします。次からは、ゆっくり集合しようと思ってしまいます。

遅い子を待つことはせず、さっさと出発すればよいのです。

おしゃべりをしていた子はあわてて追いついてきます。

でもこれでいいのです。これで、「先生の指示があったら、さっと行動しないといけない」「切り替えを速くしないといけない」ということを、子どもは学ぶのです。

「失敗例」を知ることで学級を上手にまとめあげる

❶指示通りにさせない…

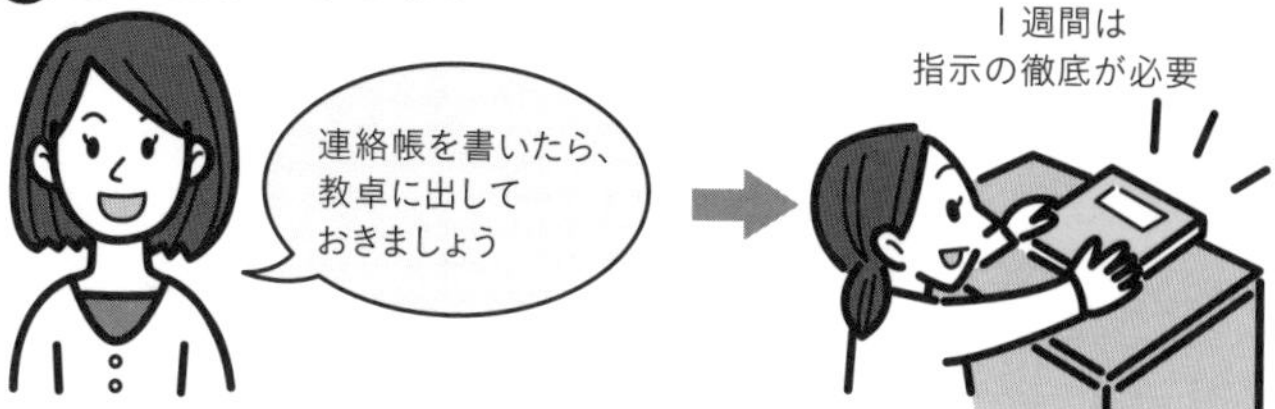
学級開きから

❷私語を許している…

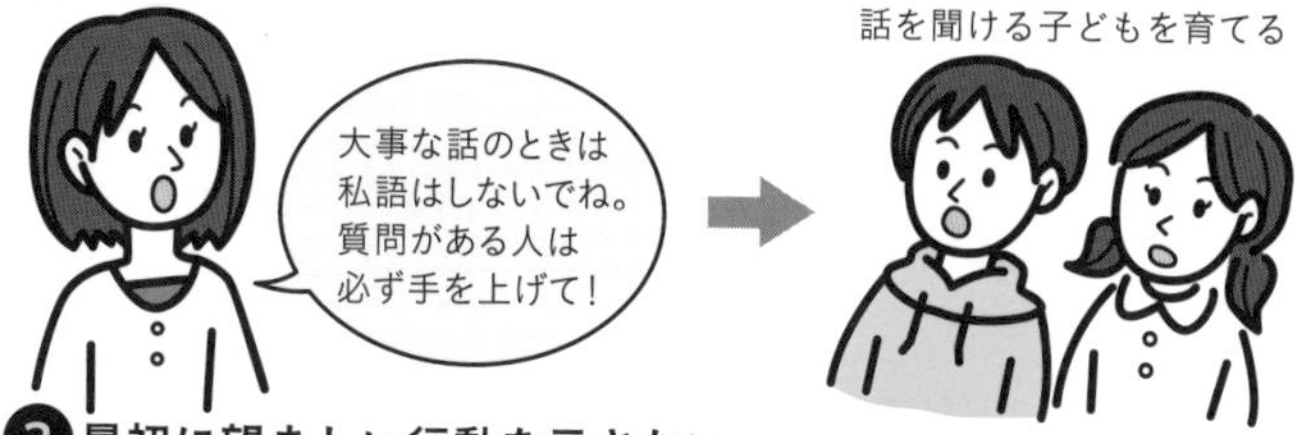

大事な話のときは
私語はしないでね。

必ず手を上げて！
話を聞ける子どもを育てる

❸最初に望ましい行動を示さない…

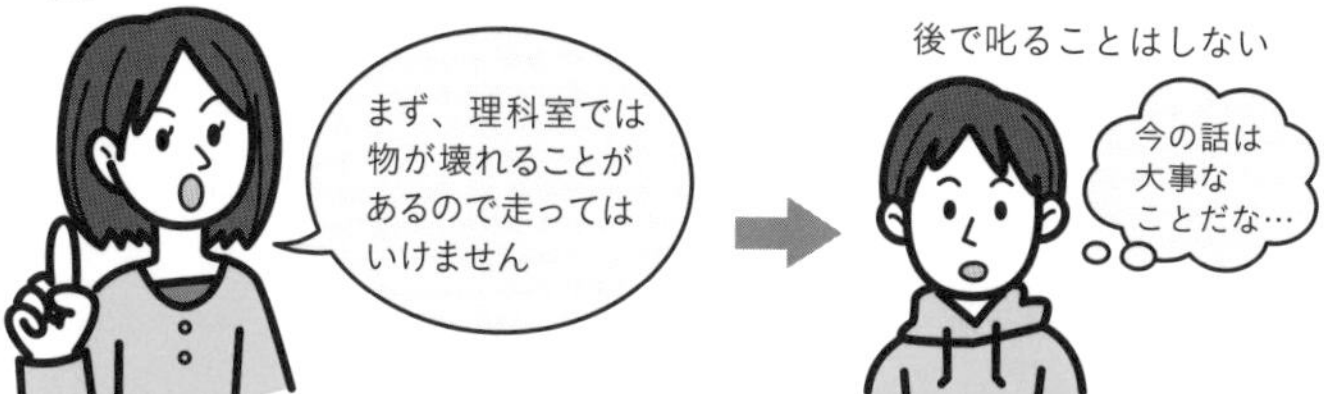

物が壊れることが
あるので走っては

後で叱ることはしない

❹遅れる子を待つ…

説明をしますよ
早い行動をとる
子どもを基準にする

特に荒れた学級では、半分以上が、遅れて行動することもまれではありません。

「プリントを取りに来なさい」と言ったとします。

さっと取りに来る子が「1割」。友達の様子を見て少し遅れて取りに来る子が「3割」、話を聴いておらずまったく行動しない子が「6割」。そういった集団もあるのです。

遅い子を待つのではなく、さっと行動した子に合わせて、プリントの内容を説明すればよいのです。説明が始まると、あわててプリントを取りに来ます。早く行動した子が得するようにしないと、どんどん「切り替え」が遅れてくるのです。

さて、ここまでで、四つの失敗例を挙げました。

新卒教師が失敗しないためには、とりあえず10個は、典型的な失敗例を知り、そして「意識して行動する」必要があります。

ベテランになっても、先に挙げた四つの失敗を毎年している人がいます。もちろん、毎年学級が荒れ放題になっているのです。

ここで挙げた以外にも、多くの「典型的な失敗」があります。その他の失敗例は、拙著『大前暁政の教師で成功する術』（小学館）で詳しく解説しています。

第3章

学級経営
4月の戦略編

—この1か月で勝負をかける—

「ゴール」から考えよう

ゴール→目標→手立て

Q 「学級経営が成功したかどうか、何で判断すればよいのでしょうか？」

答えは簡単です。「ゴールを達成できたかどうか」で判断すればよいのです。では、ゴールとは何でしょうか。それは、１年後の子どもの姿のことです。

「授業で全員が活躍できるようになる」
「差別がなくなり、みんなで力を合わせる価値を理解している」

そんな姿が達成できればよいのです。

だからこそ、４月の最初に、１年後のゴールを思い描く作業が大切になります。実態調査や家庭訪問、そして実際に子どもと接する中で、ゴールを描くのです。学級開き前の実態調査で、おぼろげながらゴールが見えてきます。学級開きから1週間ほどで、ゴールの輪郭がはっきりしてきます。

家庭訪問や子どもと接する中で、4月の終わりには、ゴールが見えてくるはずです。

さて、ゴールを描けたら、そのゴールを今度は具体化していきます。

つまり、ゴールを「目標」の形に直していくのです。例として、先に挙げた「授業で全員が活躍できるようになる」というゴールの具体化を考えましょう。

「授業中に全員が一度は発表する」

「平均点が90点を超えている」

「全員のノートが丁寧で、発表前に自分の考えを5行以上書くことができる」

こんな具合です。ゴールを具体的な目標に直すのには、意味があります。それは、目標がないと「評価」できないからです。何を達成したら、「授業で全員が活躍した」と言えるのか、評価の基準を考えないといけないのです。

学級経営の目標は、大きく三つのカテゴリーに分けられます。

①学習面　②集団面　③生活面

①の学習面はすでに例を挙げました。学力を向上させていくための目標です。

②は、集団としての成長に関する目標です。先ほど例に挙げた「差別がなくなり、みんなで力を合わせる価値を理解している」というゴールがそれに当たります。

③の生活面の目標というのは、個別の生活上の頑張りのことです。

例えば、睡眠時間をしっかりとる、勉強や運動をする習慣をつける、歯磨きなどの習慣をつけるといった生活習慣が入ります。それだけではありません。我慢強く最後まで取り組む、難しい課題にも果敢にチャレンジする、失敗しても挽回するといった、目に見えない能力（非認知的能力）も高めていくことを意味します。

最近特に注目されているのが、この**非認知的能力**です。この能力が高いと将来、人生を豊かに送ることができるという研究結果が発表され、話題になりました。

さて、ゴールと目標を考えたら、今度は、いつまでにそれを達成するのかを考えていきます。

１学期でどの程度まで到達するのか、２学期でどの程度まで到達するのか、時系列で考えていくのです。

教師が思い描いた理想の学級以上には発展しないことがほとんどです。もちろん４月の段階では、課題が山積みということもあるでしょう。

しかし、ここで思い切って高い理想像を掲げます。今の学級からは想像もできないような、よい学級をイメージするのです。ゴールと目標、そして期日を考えることで、手立ては自ずと浮かんできます。

「男女仲よく遊べるゲームが必要だな」

「少人数のグループでアイデアを出し合って、協力することの価値を教えないといけない。グループ活動の事例集を探してこよう」

「討論の授業をするには、まだまだ自由に意見を表明することに抵抗がある。差別をなくす方法、発表への抵抗をなくす方法を調べよう」

こんな具合です。つまりはじめにゴールありきなのです。ゴールが決まるから、そのための手立ても決まるのです。

具体的な目標の設定と詳細な実態調査

三つの視点で目標を考える

具体的にどのような目標をつくるのか、これはクラスや子どもの実態によって変わります。それを踏まえ、目標の三つのカテゴリーを考えていきます。

①学習面
②生活面
③集団面

目標は、あくまで教師目線で考えるものです。**学級がこのような「状態」になったら、学級経営は成功しているだろうという「目安」を示したもの**になります。

具体例として、私が設定していた目標を示します。5年生なら次のようになります。

まずは学習面からです。

①漢字テスト常時平均点95点以上
②算数テスト常時平均点90点以上
③1回の作文で原稿用紙30枚程度（学級平均）書く力
④水泳50ｍ完泳率100％
⑤高くきれいな声で全員が歌える
⑥理科好きの子が90％を超える

ポイントは、「数値を入れること」です。数値を入れることで、目標の達成度を評価できるようになるからです。挙げた目標は、教育技術・方法を学べば誰でも実現可能です。大切なことは、目標をまず決めてしまうことです。そして、やり方は、後から考えたらよいのです。様々な本や資料に当たれば、教育技術や方法はいくらでも見つかるはずです。

続いて、生活面なら、例えば次のようなものになります。

①高い目標に躊躇せず挑戦するようになる（80％以上）
②何らかの役割に多くの子が立候補するようになる（80％以上）
③テレビやゲーム、インターネットなどの時間を制限している（80％以上）

集団面では、例えば次のようなものになります。

①男女仲よく遊べる
②差別がなくなり、誰もが自由に意見を発表できるようになる
③教師がいなくても、子どもたちだけで節度ある生活ができる

集団面の目標は、生活面や学習面とは少し毛色が異なります。数値を入れて、是が非でも身につけさせるという性質のものではありません。集団面の目標で大切なのは、**「無理強いしない」**ことです。教師があれこれと、強く言わなくても、自然と集団がまとまっていくのが理想です。つまり、子どもが自分から行うようになるのが「肝」なのです。

集団面の目標で、もう少しレベルの高いものだと次のような目標になります。

❶自分の自由と相手の自由を認め、同時に成立させようとする姿勢が見られる

❷自分と相手の違いを認め、それぞれ長所や短所は異なることがあり、助け合うことの価値を理解している

❸お互いが高い理想をもち、切磋琢磨して、全員が向上しようとする意欲をもっている

これらは、子どもが実感として理解し、自分から動こうと思わないと、実現しないものばかりです。つまり、具体的な活動や体験を通して、実感として理解させる必要があるのです。

「それぞれ違う得意分野をもった人が集まったら楽しいイベントができた」

「自分と相手の自由がぶつかったとき、どちらも実現するような方法を考えてうまくいった」

「切磋琢磨することで、実現不可能だと思っていたことが可能になった」

このように事実を通して、理解させていくのです。

例えば、大縄跳びで1分間に何回跳べるか挑戦するのも、30人31脚でタイム競争をするのも、集団の目標を意識させるための場なのです。

何を子どもに育てたいのか

さて、目標を具体化するには、次のことが必要になります。

POINT 詳細な実態調査

生活面は、生活習慣や普段の行動を見れば実態が見えてきます。1日の勉強時間や歯磨きの習慣、睡眠、バランスのよい食事などを調べます。他にも、「難しい目標にも挑戦しようとしているか」「やり直しを素直に行うか」などを見ていれば分かります。

生活調査のアンケートをとってもよいでしょう。集団面も、日常の生活の様子の観察とアンケートによって調べていきます。差別的な言動はないか、友達関係などを見取っていきます。

「最近友達に嫌なことをされましたか。（はい・いいえ）」
「休み時間は楽しく過ごせていますか。（はい・いいえ）」

例えばこのように、「はい・いいえ」で答えられる簡単なアンケートを実施します。アンケートで問題が明らかになった場合は、個別の面談や家庭訪問でさらに情報を集めます。

学力面も、4月最初から詳細に調査していきます。学力面には、これを調べたら実態が分かるという項目があります。それが、**「読み、書き、計算」**です。昔から基礎学力と言われているものです。漢字や四則計算、視写、簡単な読解のテストで調べることができます。これに加えて、「話す、聞く」「推論」の力も見ていくとよいでしょう。

「話す、聞く」力は、音読やスピーチ、発表や話合いの様子で把握できます。

「推論」とは、「何らかの情報から論理的に結論を導くこと」を意味します。

例えば、「算数の文章問題」や、「社会科の資料から何らかの結論を導く問題」「知識を活用して解く応用問題」などで調べることができます。

学級開きからしばらくしてテストを行って調べます。

視写なら、10分間と時間を決めて、そのまま教科書などの文章を写させます。

各学年で、どの程度試写できればよいのでしょうか。

様々な基準がありますが、概ね**「10分間で、学年×60字」**といったところです。

分速にすると、2年生以上でなら、低学年では分速15文字、中学年では分速25文字、高学年では分速35文字が視写できれば、十分です。視写の能力は、学習の全てにかかわってくるので重要です。学校評価の基準に取り入れている学校もあるくらいです。

音読も「基準」を決めて見ていきます。アナウンサーが、1分間に300文字を目安に原稿を読むのはよく知られています。はっきりと意味が伝わるよう話すには、これくらいが聞き取りやすいのです。スラスラと読めるようになることを目指すなら、1分間で**「低学年：200文字」「中学年：300文字」「高学年：350文字」**程度というところです。

もちろんこれは単なる目安です。1年生でも、1分間に300文字読むことは可能です。かなり速く読める子なら、高学年で1分間に400文字程度読めます。

学力の調査では、他に「運動技能」も見ていきます。

筋力がついているかどうかは、持久懸垂や懸垂をすれば分かります。筋力がついていないと逆上がりはできません。そのため、逆上がりの指導の前に、筋力をつける運動が必要になります。子どもの中には、運動が極端に苦手な子がいるかもしれません。

「粗大運動（身体全体を使って走ったりジャンプしたりといった運動。姿勢を保つ、バランスをとるなど、日常生活の核となる運動）」や「微細運動」ができるかを見ていきます。微細運動とは、手や指を使って精密な動作をすることです。箸を使うとか、ビーズで何かを作るとか微細な物を扱うというイメージです。

また、「協調運動」が苦手かどうかも見ていきます。協調運動とは、複数の運動を組み合わせた運動のことです。ボールをキャッチするには、目でボールを見る、ボールが来る地点に走る、手を伸ばす、ボールが来ると同時にボールを握るという複数の運動を連動させて行っています。他にもスキップやリズムに合わせた運動が入ります。

ここまで見てくると、気付いたはずです。実は、ゴールや、それに伴った具体的な目標を思い描くためには、教師として「何を子どもに育てたいのか」をあらかじめ意識しておく必要があるのです。しかも、「何を子どもに育てたいのか」を考えるには、教科内容の深い理解が必要になるのです、視写で、10分間で何文字書けたらよいのかを知っておく必要があるということです。

子どもの実態を知り、1年後にこのような「状態」になれば、学級経営は成功しているだろうという「目安」を考えます。これが4月に必ずしておきたいことなのです。

1日をスムーズに過ごせるシステムを構築する

担任としてできるだけ早く行うこととは？

学級開きから1週間で、次のことを行います。

「1日の生活をスムーズに行えるシステムをつくる」

朝、子どもが来たら何をするのか。日直は誰がするのか。朝自習の課題プリントを誰が配るのか。掃除や給食当番は誰がするのか。それらを、教師がいなくても、「**自動的に子どもたちだけでできる仕組み**」をつくるのです。

2日目には、一気に次のシステムをつくってしまいます。

①1日の生活の仕方を示す
②給食、掃除、当番活動、日直の仕事を決める
③自動的に改善が働く仕組みをつくる

「1日の生活の仕方」とは、例えば次のようなことです。

・朝来たら、連絡帳を書いて、宿題と連絡帳を教卓に置いておくこと。
・掃除の後は読書タイムなので、掃除が終わった人から読書を始めてよいこと。
・忘れ物をしたら、後ろに貸し出し用の筆記用具があるので、休み時間の間に借りておくこと。授業中に借りる場合は、静かに借りに行くこと。
・授業の前に机と椅子をそろえておくこと。喧嘩などのトラブルが起きたら先生に相談すること。

こういったことを伝えていきます。全部一度に伝えると、覚えられませんから、1日の生活の中で、一つ一つ教えていきます。

続いて、給食や掃除、当番活動、日直の仕事を決めます。

当番活動は、単純な作業（ルーティンワーク）が多くなります。だから一人一役で、さっさと決めていきます。

反対に、係活動は、創造的な活動になります。新聞係、劇係、お楽しみ係などです。これは少し時間をかけて決めていきます。2日目に決める必要はありません。

さらに、**「自動的に改善が働く仕組み」**をつくります。

若い教師ほど忘れがちなのが、この仕組みづくりです。学級で生活していて、おかしなところがあったら、自動的にそのおかしさが教師に報告されて、改善がなされるようにすればよいのです。例えば去年までのルールでおかしなところがあれば、それを申し立てできるようにしておくのです。つまり、子どもが困っていることを把握し、それに対応するシステムをつくっておくのです。

①教師との個別面談の時間を定期的に行い、おかしなところがあれば報告させる
②アンケートを定期的に行い、学級の生活で困ったことがあれば報告させる

このようなシステムをつくるのです。ポイントは次のことです。

POINT　教師が意識していなくても、自動的に改善がなされるような仕組みをつくる

学級開き2日目につくる

\ 1日の生活をスムーズに行えるシステム /

❶ 1日の生活の仕方を示す

[例] 授業の前に
机と椅子をそろえる

[例] トラブルが
起きたら先生に相談する

❷ 給食や掃除、当番活動、日直の仕方を示す

[当番活動]→一人一役、素早く決める

[係活動]→時間をかけて決める

Aさんは
電気の
スイッチ係ね
はい！
Bさんは
新聞係が
いいかな…

❸ 自動的に改善が働く仕組みをつくる

[個別面談]

[アンケート]

クラスで
おかしな
ところはある？
クラスで
困ったことを
アンケート用紙に
書いてね

子どもの思いに柔軟に対応する

教師は満足していても、子どもは不満をもっているということがあります。

そんなときは、学級のシステムの何かが不具合を起こしているのです。

①連絡帳を朝集めることにしていたけど、朝にマラソンが始まったので時間がなくて無理が出てきている
②掃除当番を割り振ったけど、ある場所は楽ですぐに終わり、ある場所は人手が足りなくて困っている

このように、しばらくして不具合が見つかることがあるのです。

システムの不満以外にも、個人的な思いを子どもたちはもっているかもしれません。

例えば、「もう少し先生と話す時間をつくってほしい」とか、「宿題がいつも同じなのでもう少し別の課題も出してほしい」「休み時間に同じ人ばかりボールを使っているので、ボールを増やしてほしい」などです。

もっと深刻な悩みを抱えている子がいるかもしれません。

「友達が差別をしてくる」「嫌な仕事を押しつけられる」などといったことです。

大切なのは、不満な状態になっている場合に、現状報告ができるようになっているかどうか、です。意見を吸い上げるシステムがあるかどうかが大切なのです。

システムをつくるときの流れとして、大まかに次のように覚えておけばよいでしょう。

①全体のシステムをまずつくってしまう

②不具合が出てきたらその都度修正する

子どもに育てたい「姿勢」を明確にする

子どもには完璧を求めない

学級開き初日には、「方針演説」を行います。

担任として、どういう学級をつくっていきたいのか、どんな子どもに育ってほしいのか、それを話すわけです。このとき、守ってほしいルールやマナー、モラルも示すはずです。あれもこれも伝えるのではなく、重要なものだけに絞って子どもに伝えます。教師がこれだけは守ってほしいものだけ伝えればかまいません。

ルールについても、あまり細かく伝えなくてもかまいません。むしろ「みんな去年まで、学級にはルールがありましたよね、基本先生も同じですから、去年までのルールを守りましょう。分からないことや変えてほしいことがあったら教えてください」などと言っておくだけで済みます。

ただ、教師が叱るときのルールは次のように示しておきます。

「仏の顔も三度までですよ。三度注意されても、直そうとする努力が見られないときは叱りますよ」

これは、「直さないと叱る」という意味ではありません。**「直そうとする努力が見られないときに叱る」**のです。努力目標でよいのです。つまり、同じ失敗をすることがあっても、反省していれば叱らないわけです。このあたりは、ハンドルで言う遊びの部分です。あまりきつく縛るのは逆効果です。子どもには完璧を求めない。大切な原則です。

マナーは、あらかじめ教師が大切にしたいものを考えておきます。

例えば、「話しているときにはおしゃべりをせずに聴く」といったことです。これも初日で全て伝える必要はありません。その都度、守ってほしいマナーを説明すれば十分です。モラルとしては、「人を傷つけることはしない」「嘘をつかない」「人の物を勝手に使わない」などがあります。道徳的に守ってほしいことです。これも、初日に全部伝えるというよりは、機会を見て教えていきます。

子どもに身につけてほしい姿勢

さて、ルールやマナー、モラルとは別に、「子どもに身につけてほしい姿勢」（非認知的能力）も、あらかじめ考えておきます。

例えば、「頑張っている人を笑わない」といった姿勢です。「頑張っている人を笑わない」は、私の学級経営ではとても大切な姿勢でした。これは、失敗やうまくいかないこと、できないことを笑わないという意味です。できる、できないは今だけのことです。努力すれば誰でもできるようになります。

でもこれを子どもが本当に理解するには、時間がかかります。

子どもは、事実で示さないと、本当には理解しないからです。「できないことができるようになった」という事実をつくらないといけません。

オススメなのは、**短い詩文の暗唱**です。暗唱は、何度も練習していると、誰でもできるようになります。その事実をつくるのです。計算だって速くなります。訓練すれば、計算に脳が慣れてくるからです。でも、子どもたちはこの事実を通して、「できる、できないにそんなに違いはない」「努力すれば誰だってできるようになる」ことを理解するのです。

さて、子どもに身につけてほしい姿勢は、他にもたくさんあるはずです。

私の学級では、さらに次のことを大切にしてほしいと願っていました。


失敗をしてもやり直したり、挽回したりと、粘り強く取り組む姿勢

特別な支援を要する子を担任している場合、この姿勢を育てることが大切になります。やり直しを素直にできるかどうかで、成長がまったく違ってくるからです。


例えば、漢字練習をしているとします。

適当に書いたので、枠からはみ出してしまいました。

教師が、「もう少し丁寧に書けたらよかったね」と△をつけたとします。

失敗体験を繰り返してきた子なら、これだけで切れてしまいます。

「もうやらない！」と叫びます。

漢字のプリントをぐちゃぐちゃにしたり、破ったりします。

こうなると、手ひどい失敗体験としてその子の記憶に残ることになります。せっかくのスタートが台無しになるのです。

だからこそ、漢字練習の前に次のように言っておかないといけません。

「丁寧に書けるようになると、勉強ができるようになります。だから、先生は丁寧に書けているかを見ますよ。丁寧に書けていなかったら、△がつきます。でも△がついたからといって、諦めてはいけません。もう一度やり直して消しゴムで消して書いてくればいいのです。やり直しをきちんとする人は勉強ができるようになります。先生はやり直してきた人も高く評価します」

このように、前もって意義を説明しておくのです。

だから、子どもも「やり直そうかな」と思えるのです。そしてやり直してきた子を、特別な支援を要する子の前でほめ続けるのです。するとやり直しに価値があり、先生はそれを評価してくれるのだと理解します。だから、本人もやり直しをしてくるのです。

特別な支援を要する子の中には、0点か、100点かで判断する傾向をもっている場合があります。△は、本来50点です。ところが、その子にとっては0点と同じなのです。

そこで、0点と100点の間に点数があり、その点数を上げていく努力をすることこそ価値があるのだと、教師が示していかないといけないのです。

育てたい「姿勢」は、ある意味で、教師の価値観でもあります。

「非認知的能力」には、「自立心」や「最後まで粘り強く続ける」「諦めない」など、**「自分自身に関する姿勢」**と、「協調性」「道徳性」などの**「人とかかわる姿勢」**とに大きく分けられます。

教師は、この学級で過ごす30人の子どもたちが、どういう姿勢で生活してほしいのか、それをあらかじめ決めておくのです。決めておくだけで、不適切な行動があったらたしなめることができます。人を笑っていたら、直ちに注意するといった具合です。

また、学級経営における様々な手立ても浮かびます。全員が同じようにできるようになる活動を取り入れようとか、努力をすれば劇的に記録が伸びる活動を取り入れようといった具合です。

学級経営の柱となるものを打ち立てる

学級の特色を生む取組を考える

同学年でも、学級によって特色は異なります。教師にはそれぞれ、**学級経営の柱**と呼べる取組があるからです。

例えば、私が力を入れていた取組を挙げると次のようになります。

1 人間の生き方に触れる道徳
2 正解は一つではないことを理解させる討論
3 人の頑張りを認め合う、「よいところ見つけ」「ほめ合いの時間」
4 得意なところを生かす適材適所の活動（会社活動、遊びチーム、チームプロジェクト）
5 楽しいイベント（休み時間の大会、お楽しみ会）
6 継続は力なりを実感する取組（作文、鉄棒、縄跳び、マラソン、詩文暗唱、百人一首、こ

とわざ・格言暗唱、歴史上の人物暗記、スラスラ音読、算数難問）

7　友達と協力する価値を感じる活動（15分でできる協働のアクティビティ）

8　自分には大きな可能性があることを知る「目標シートの記入」

9　いろいろな人にお世話になっていることを思い出す「感謝の時間」

10　自分の将来をイメージする「将来を考える時間」

この10の取組には、一つ一つに大きな意味があります。

例えば、「人間の生き方に触れる道徳」は、困難に打ち勝った人物の生き方を紹介する授業です。実際の人物の生き方に触れることで、自分の生き方を考えるきっかけにします。荒れて心のコップが下向きになっている子も、このような授業を受けていると、素直に頑張ろうと思えてくるのです。心のコップが上向きになるからです。

「正解は一つではないことを理解させる討論」は、子どもだけで討論を行います。まずは練習から入らなければなりません。「無人島に持っていくとしたら、ナイフ、ライターどっちがいいか。にわとりと犬どっちがいいか。寝袋と釣り道具どっちがいいか」などと問題を出します。答えがあるわけではありません。賛成意見や反対意見を言うのが当たり前の雰囲気をつくるのです。

「よいところ見つけ」は、相手のよいところを書き出す活動です。この活動で子どもの意識が変わります。「相手のよいところ」に注目するようになるのです。

「ほめ合いの時間」は、友達の頑張りや努力をほめる活動です。同じ班になった友達と、1か月に1、2回程度ほめ合う時間をとります。

「会社活動」は、係活動です。イベントを定期的に行う会社、新聞を発行する会社、手品や漫才などの芸を披露する会社など、教室を楽しくするための活動を考えます。

「遊びチーム」は、普段遊ばない子と遊んでみるという活動です。サッカーや昔遊び、カルタなど、遊びをいくつか決めておいて、その遊びごとにグループをつくります。自分が希望する遊びに入るのです。もちろん、いつも遊ぶメンバーばかりでなく、かなりランダムになります。そして、とにかく一緒に遊んでみるのです。相手のよさやおもしろさに初めて気付いたという感想の多い取組です。「チームプロジェクト」は、ダンスイベントへの出場や、保護者との交流に向けたイベントなど、何かのプロジェクトに挑戦するチーム活動です。

「感謝の時間」は、1か月に1回程度、席替えのタイミングで行います。「今みんなが元気に過ごせているのは、この1か月いろいろな人にお世話になったからだね」と、お世話になった人を振り返らせます。席が隣の人、班の人、登校班の人、地域の方、先輩、保護者、他の先生…、様々な人にお世話になったことを振り返らせます。そして、日記などにありがとうと感謝の気持ちを書かせていくのです。

「将来を考える時間」も、定期的に時間をとります。これは、学期に1回程度でかまいません。教室には、どんな職業があるのかの書籍や資料を置いておきます。

また、将来を考える時間には、職業だけでなく、いろいろなテーマがあります。「将来どこに住むか？」「将来どんな家に住むか？」「将来どんな趣味をもつか？」「将来ペットは何を飼うか？」など、様々なテーマで考えてもらうわけです。

考えさせる前に、資料集めをさせておきます。

「次の将来を考える時間は、どんな家に住むかがテーマなので、家に関する資料を自分で集めておきましょう」と言っておくのです。

このように、定期的にやっておく大切な取組をあらかじめ考えておきます。これらの取組が学級の特色を生むようになるのです。

全員ができるようになった状態をつくる

成功体験で子どもの意識を変える

4月に実現したいのが、「全員ができるようになった状態」をつくることです。

全員ができるようになると、子どもの意識が次のように変わります。


努力すればできるようになる!


子どもの意識を変えること。それを4月のなるべく早くにやっておきたいのです。

例えば、10行程度の詩文暗唱に挑戦させます。少しでも間違えたら不合格になってしまいます。スラスラ読めなくても不合格です。そんな中で、全員を合格させるのです。

他にも、体育の授業で成功体験を用意します。運動の中には、短期間で力をつけることができるものがあります。マット運動、跳び箱、ハードル走、高跳びなど、**「全員が向上した」**状態を生み出すのです。

例えば高跳びなら、最初に記録を計っておきます。そしてゴム跳びで慣れさせます。高跳びのコツも教えます。最後にもう一度記録を計ります。全員の記録が伸びるはずです。

他にも、計算テストでもよいですし、漢字テストでもよいのです。

とにかく最初の10問、20問テストで、ほぼ全員に100点をとらせるのです。

平均点で言えば、95点以上を目指すのです。

一方、学級の中には、100点をとるのが難しい子がいます。その子には特に力を入れて、何度も指導をしておきます。間違った問題に印をつけさせ、それを再度解かせます。もし、2回目も間違ったら、テスト前にも問題を解かせます。

そうすれば、平均点は95点を超えるはずです。そして「頑張れば、絶対に漢字（計算）ができるようになるよ」と、励まします。

向上した事実があるので、**教師の言葉が力をもつ**のです。

最初からできていた子も、「できないと思えていた子ができるようになった。努力をすればできるようになるのだな」と思うようになります。事実はどんな雄弁よりも、影響力があります。「やればできる」その思いをできるだけ早い時期にもたせたいのです。

4月の早い時期に対話的な学びを行う

もう一つ授業で気をつけるポイントがあります。

POINT みんなで協力すると、一人で学習するよりも広く深く学べた経験を用意する

国語なら、「熟語」で、できるだけ長いものを考えさせます。まずは一人で考えさせます。四字熟語ならすぐに出てきます。ですが、5文字、6文字となるとなかなか浮かびません。しばらくして班で相談してもよいことにします。さらに、インターネットや教科書、事典、書籍や新聞などいろいろな資料を参考にしてもよいことにします。

すると、「ああ、こんなものでもいいんだ」と思えるようになり、一気に8文字、10文字の漢字だけの言葉が見つかるのです。国名や、○○大学○○学部…、全国○○運動強化月間…など、何でもよいことに気付くからです。つまり、友達の発想を参考にして、自分の認識が飛躍されるわけです。そして、次々と新しい長い言葉が見つかるのです。

算数なら、一見簡単と思える難問を出します。

例えば、「円に1本線を引いて、最大でいくつに分けられるか？」といった問題です。線が1本、2本、3本と増えてくるにつれて、分けられる数が増えていきます。友達と話し合っているうちに、増え方の法則（既存の分けられた数に新たな線の数を足すと分けられる数が導き出せる）が分かってくるというわけです。

こういった協力させる授業は、4月に入ってできるだけ早く行います。そして、協力すると学びが広がったり深まったりしたという経験を積ませるのです。すると子どもたちは「この1年間、友達の意見を参考に学習を広げたり深めたりしよう」という意識に変わるのです。

対話により学びが広がる経験をさせる

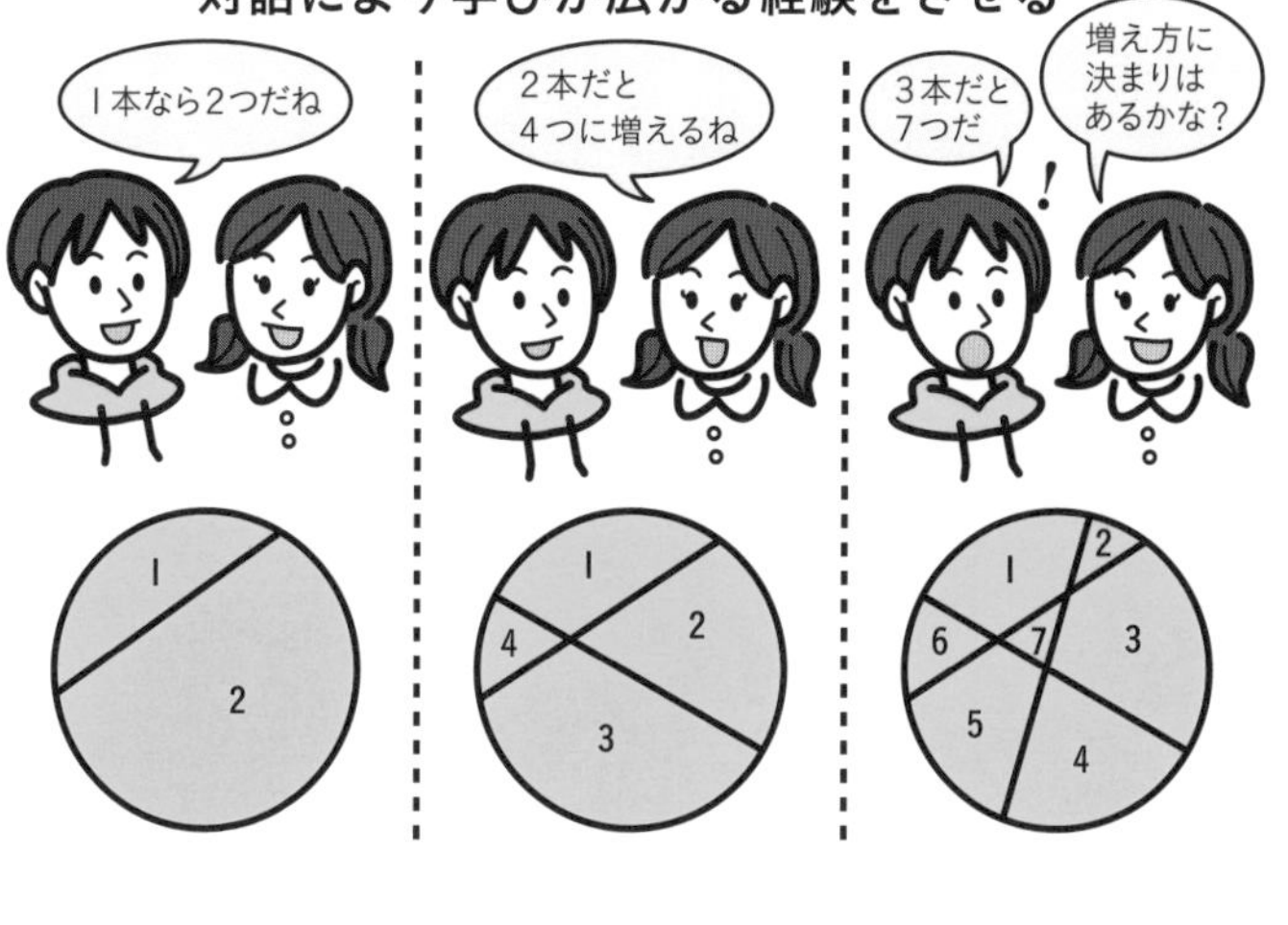

学級の「二つの関係性」を意識する

学級には、二つの関係性が働きます。

一つは、**「師弟関係」**です。教師と子どもをつなぐ「縦の関係」です。

もう一つは、**「仲間関係」**です。子ども同士をつなぐ「横の関係」です。

この二つの関係はどちらも大切です。ですが、4月最初に、まず確立しておきたいのが、「師弟関係」です。師弟関係ができると、教室には秩序が生まれます。教室に安心と安全が生まれます。その上で、徐々に子ども同士の横の関係を強化していけばよいのです。

ここで多くの若い教師が失敗してしまいます。つまり、子どもに気に入られようとして、教師が子どもと対等の関係になってしまうのです。

まずは、「教師と教え子」という師弟関係になる必要があります。師弟関係ですから、子どもが教師のことを「師」として認める必要があります。子どもが「師」と認めるだけの「事実」が必要になるのです。

まず、**新卒教師は、「自分はまだ師とは認められていない」という認識をもたなくてはなりません。**

4月には「信頼」を得る

ここで考えてみてほしいのです。

「自分だったら、どんな人を『師』と思えるだろうか？」と。

これには、どうしても二つの要素が必要になってきます。

この人は、①信頼できる、②尊敬できる

つまり、信頼と尊敬の二つが必要なのです。

「尊敬」を得るには、時間がかかります。

4月で得なくてはならないのは、「信頼」のほうになります。

「この人なら、ついていける」「この人なら、任せられる」

そう子どもが思えなくてはならないのです。
「信頼」を得るには、それなりの行動を教師がとらないといけません。

POINT **教師がリーダーシップを発揮する**

新卒教師が、リーダーシップを発揮するには、次の三つを行う必要があります。

①よいものはよい、ダメなことはダメと、毅然と言える
②余裕をもって的確な指示を出せる
③手本となる行動を、率先して行うことができる

この三つはやろうと思えば、誰でもできます。しかし、**意識しないとできません。**

リーダーシップの基本は、①になります。望ましい行動を先に示し、誰がよくて誰が悪いのかを個別に評価していくのです。こうして秩序を生み出すのです。特に、「ダメなことはダメ」と、はっきり言えなくてはなりません。少なくとも、教師が何らかの指示をしたら、指示通りにさせなくてはなりません。「静かに人の話を聴きなさい」と言ったのなら、静かにさせなくてはならないのです。

このとき、まだおしゃべりをしている子がいることがあります。

そのようなときは、「まだおしゃべりを続けている人がいます。さっと静かになった人は立派です」などと、断定的に「善し悪し」を示さないといけないのです。

つまり、**「簡単な指示を出し」→「評価する」**わけです。

これはとても簡単ですが、何も意識せず、下手にやってしまうと大失敗します。

例えば、初日に、名前を呼んで返事をさせるとします。

「名前を呼びますから、返事をしましょう」

ところが、子どもは実にバラバラの反応を見せることがあります。返事をしない子、返事の代わりに手を挙げる子、「はいはい」というようにふざけて返事する子、実に様々なのです。中には、小さな声で返事をする子もいます。

そのため、それぞれどう対応するのかが問題となります。小さな返事には、「もう少し大きな声で返事ができるといいね」とたしなめます。返事の代わりに手を挙げる子には、「先生は返事をしなさいと言いましたよね」とたしなめます。

ふざける子には、「返事は1回です。もう一度やりますよ」とやり直させます。この「指導」がないと、次の日から、呼名と返事は、適当にやるようになります。教師の指示を守らなくてもペナルティはないことが分かったからです。

また、②の的確な指示も、意識していないとできないことです。なぜなら、新卒教師は、赴任した学校のことを誰よりも知らないからです。ゆえに余裕もありません。余裕のない人には誰もついていきたいとは思いません。だからこそ、明日の動きを今日のうちにシミュレーションしておくのです。分からないことがあれば、今日のうちに誰よりも詳しくなっておくのです。そうしてこそ、的確な指示が出せるのです。

③の率先垂範も簡単なことですが、意識していないとできません。先頭に立って、望ましい行動をとるのです。

まず教師がやってみせるのです。手本を示すのです。

掃除や整理整頓を、教師が進んで行うのです。

ゴミ拾いの奉仕作業があるなら、一番ゴミを拾うのです。

常に教師が先にやってみせるのです。だから子どもはついてくるのです。子どもにやらせてばかりで、教師は後ろから見ているだけというのは、一番よくない指導です。

さて、師弟関係が確立されて初めて、教師が子どもの立場に立って、一緒に努力したり、話を聴いたりといったことが効果を発揮するようになります。

「この問題は先生も分からないなあ。一緒に考えていこう」

このように、教師が言うことがあってもいいのです。

「先生も分からないなら、みんなで協力して頑張って解いていこう」そう子どもは思えるのです。師弟関係があるからこそ、効果を発揮する言葉なのです。

つまり、師弟関係の縦の関係が確立されているからこそ、同志同行の、子どもと共に歩む関係になることも、効果を発揮するようになるのです。

最初から子どもと教師が同志同行の関係になっても、子どもは混乱するだけです。教師がリーダーシップを発揮して子どもを引っ張っていた状態から、やがて子どもが一人で歩み始める状態になります。そのとき教師は一緒に歩む関係になればよいのです。

「ほめて励まし続ける」ことこそが、教師の仕事と心得る

最初にどれだけほめることができるか

ある子は、何年も、荒れが続いていました。落ち着きがなく、不規則な発言をしたり、動き回ったりするので、教師から何度も叱られていたのです。叱られるから、気分が不安定になります。さらに落ち着きがなくなります。そして再び叱られることになります。その悪循環が続いたせいで、やがて、ドアを蹴って教室を飛び出したり、友達に暴力をふるったりするようになりました。

荒れもピークになったと思われる頃、その子を担任することになりました。

とにかく、初日から、頑張りを認め、ほめることにしました。朝の挨拶を自分からした、授業前に教科書を出していた、宿題を少しは頑張った、漢字テストで一部だけ書いた、給食当番を手伝った…、とにかくほめていきました。

なぜ、漢字テストで一部しか書けていないのに、ほめたのでしょうか。

それは去年までは、まったく書こうとしていなかったからです。

つまり、去年より意欲の向上が見られたからです。

もちろん、昨年までの情報を得ていたからこそ、ほめることができたわけです。情報がないと、このような個人内評価はできません。「ノートをまったく書かなかった子が、日付だけでも書いた」ということを初日に見取り、ほめられるかどうかがポイントなのです。

さて私は、前より頑張ったと思えたときには、とにかくほめると決めていました。1日に、何かよいことを見つけて、必ずほめると決めていたのです。できないときには、励ますようにしました。

漢字テストで一部しか書けていないのですから、低い点数です。しかし、低い点数でも「この漢字は半分までは書けているよ。もう少しだったよ。おしかったね。次はきっともっとよい点になるよ」と励ましたのです。

体育が嫌で休んだときにも、「体調が悪いときもあるよ。次は参加できるかもしれないよ」と励ましたのです。

なぜ「ほめる・励ます」が大切なのでしょうか。

それは、前の自分よりも頑張ることに価値があるのだと教えるためです。そして、ほめられることで、よい行動が増えていくからです。

去年までは、叱られるから、悪い行動が増え、さらに叱られるというサイクルでした。

今年は、ほめられるから、よい行動が増え、さらにほめられるサイクルにしたのです。

そのサイクルは、劇的な変化をもたらしました。

去年まで授業中に脱走するのが当たり前だった子が、脱走することなく授業に参加するようになりました。発表し、ノートをとり、友達と協力し…、と別人のように頑張ったのです。

叱るのは簡単です。子どもの失敗や短所ほど、よく見えると言います。ですが、短所にわざわざ注目しなくてよいのです。長所こそ注目し、伸ばしていくべきです。そうすれば短所は目立たなくなっていくものなのです。

さて、ほめ方には絶対に知っておきたいコツがあります。

それは、**行動をほめられるよりは、人格をほめられたほうがうれしい**ということです。ほめるのは、人格までほめていけばよいのです。叱るときは、この反対です。**行動だけを叱ればよいので**

す。「廊下は走りません」「友達を叩きません」このような具合です。行動レベルを叱られても、プライドは傷つきません。人格を叱られると、プライドが傷つきます。そして、さらに荒れがひどくなることがあるのです。

イメージしたらよい具体的な姿は、次のようなことです。

家で保護者が我が子に「今日の学校どうだった？」と尋ねたとき、「先生にこんなところをほめられたよ」と言えるようにする

ほめるためには、学級開きの最初の語りが大切になります。

「失敗してもやり直す人は伸びる。そんな姿が先生は大好きだ」
「去年までは苦手だったことに、今年は挑戦した。そんな人こそ伸びます」

その話が布石となって、やり直したり挑戦したりしたときに、ほめることができるのです。ほめられた子どももうれしいのです。

これだけは譲れない「マナー」を決めておく

荒れた学級をどう立て直したか

「荒れてどうしようもない」と言われた学年がありました。

授業中はおしゃべりが止まらず、注意しても、教師への暴言や反発があるのです。「次は算数だよ」と言うと、「体育をしよう」とごね始めます。少しごねるレベルではありません。10分も20分も文句を言うのです。学習はどんどん遅れます。

そんな子どもたちが高学年になったとき、私が学級を受けもつことになりました。私がまず打ち立てたのは、とても簡単なことでした。

「これだけは譲れないマナーを確立する」ということです。

■私のクラスのマナー

①名前を呼ばれたら返事をする
②人が話しているときには黙って聞く
③集中しないといけないときは、黙って作業する
④提出物の向きをそろえて出す
⑤机と椅子をそろえてから授業を始める

ごくごく簡単なことです。中には、小学校1年生に言うような内容もあります。
①は、名前を呼ばれたら、普通に、返事をするということです。
例えば、朝の健康観察。普通に先生に聞こえる程度の返事でよいのです。

4月当初は、これすらできませんでした。理由も様々です。突っ張って「俺は返事をしないもんね」と周りにアピールする子。返事をしたらみんなから笑われるのではないかと恐れている子。声を出すのが嫌なので、返事をしない子。理由にもならない理由で、返事をしないわけです。

ただ、当の子どもにとっては、深刻な問題なのです。荒れの中では、常識が通用しません。「返

事をすると、周りからからかわれる」と本気で思っているのです。

しかし、返事すらしない状態を認めていると、学級の雰囲気は悪くなります。何度もやり直しをして、ようやく全員が返事を返してくれるようになりました。

昨年反抗ばかりしていた子が、普通に返事をしているとどうでしょうか。

「あいつが返事をするなら、俺もしようか」と、他の子も、普通に返事をするようになってきました。こうして、だんだんと秩序が回復してきたのです。

②は、人が話しているときには黙って聞くことの徹底です。
「おしゃべりが止まらない」そう引き継いでいました。

「そんなことはないだろう」と思っていましたが、予想のはるか上を行く騒々しさだったのです。誰かが話しているときは、黙って聞く。この徹底にも時間がかかりました。

しかし「徹底」すると、やがて習慣になってきます。黙って聞くことができるようになると、秩序もかなりできてきます。

③も、似たようなマナーです。

例えば、ノートに自分の考えを5分書くとします。このとき、おしゃべりの声が聞こえると、集中できなくなる子がいます。特別な支援を要する子だけでなく、集中しにくい子は実は多くいるのです。

だから黙って作業させたわけです。

授業中に1回でもいいので、もしくは1日に1回でもよいので、静寂の中で作業させる時間をつくります。小鳥の声が聞こえる程度の静寂です。ただし、静寂の中で作業をさせるのは、言うほど簡単ではありません。

まず、質問が出ないように、課題を明確に与える必要があります。何をどれだけ、どのようにやればよいのか、指示を明確にすべきなのです。これだけでも簡単ではありません。これが朝自習など、教師がいない状態での作業になると、もっと難しくなります。朝から騒々しくなれば、1日が台無しです。

意識しておきたいのは、**「質問が出ない状況をつくること」**です。問題と一緒に答えを配るのも一つの方法でしょう。解説付きの答えがあるので、質問は出にくくなります。

視写をさせるのも一つの方法でしょう。文章を写すだけなので質問は出ません。漢字練習や読書、歴史人物の暗記、地図記号の暗記など、あまり難しくなく、しかし続けると効果的な課題を用意しておきます。

朝自習からしっとりと、静寂の中で学習できれば、1日の最高のスタートが切れたことになります。朝から、しっとりとした静かな雰囲気に浸ることができます。このことだけでも、子どもの心は落ち着きます。勉強をするときは静かにするのだなということも分かります。力のある教師は、実は、こういった「集中して作業する時間」を用意しています。

④と⑤は、何事も丁寧に、きちんとするという姿勢を育てるために、行ったことです。簡単に見えますが、これだけでも「全員」にきちんとさせようと思えば、荒れた学級では1か月以上かかることも稀ではありません。

POINT

これだけは譲れないマナーを決めておくことで、学級には秩序が生まれ、子どもたちは落ち着いていく

4月中に確立する

これだけは譲れない「マナー」

❶名前を呼ばれたら返事をする

❷人が話しているときには黙って聞く

❸集中しないといけないときは、黙って作業する

❹提出物の向きをそろえて出す

❺机と椅子をそろえてから授業を始める

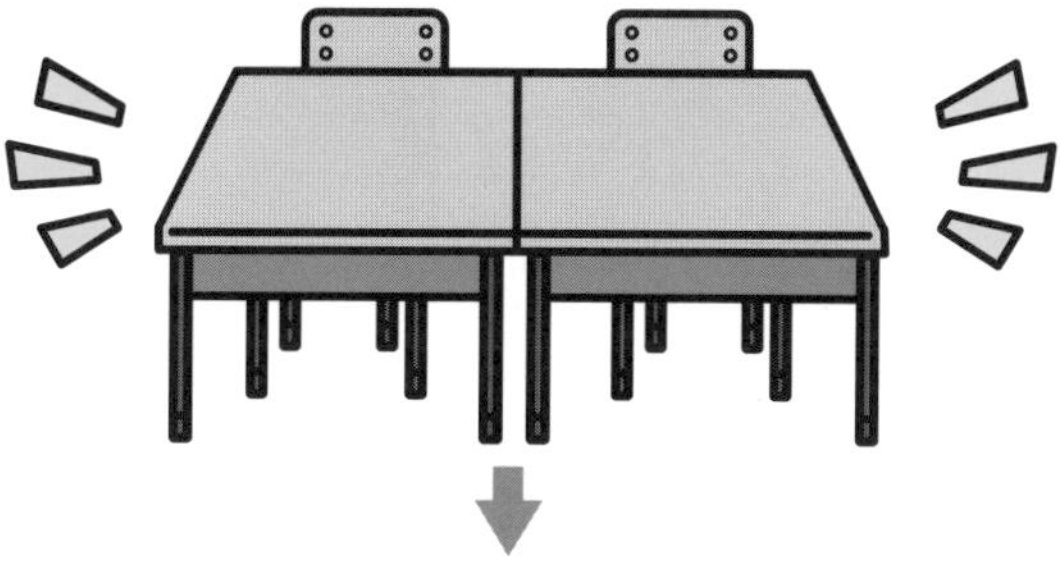

学級には秩序が生まれ、
子どもたちは自然と落ち着いていく!

頑張る気持ちが自然と生まれるようになる「ルーティン」の確立

いろいろな「仕掛け」を取り入れる

学級経営では、様々な「仕掛け」、特に、**「子どものやる気を高める仕掛け」**が大切になります。例えば、朝一番に教室に入り、子どもに「おはよう」と挨拶します。たわいのないことですが、子どもに安心感が与えられます。元気におはようと挨拶をされると、誰でもうれしいものです。

他にも、**「定期的に、休み時間を子どもと一緒に過ごす」**仕掛けも有効です。将棋やバスケットボールを一緒にするのです。教師はあまり口出しせず、一緒に遊ぶのです。すると、いつものように子どもたちが仕切り出します。教師はそれに従います。意外な子が活躍していたり、リーダーシップを発揮していたり、といったことが見えてきます。教室では大人しい子が、遊びの中では、別の顔を見せます。大きな声でダメ出ししたり、チームメイトを鼓舞したりしているのです。

子どもの意外な面を見つけることができるので、「〇〇君は、こういうリーダーシップを発揮できるね。すごいね」と認め、次の子ども対応に活かすことができます。これもたわいのないことですが、子どものやる気を高めることができます。他にも、次のようなささいな「仕掛け」を取り入れます。

①頑張った子には、感謝の手紙を書いて渡す（本人と保護者宛）
②学級通信（週に何回か発行）に、1か月に一度は全員の名前が出て具体的なことでほめる
③1日に一人は、その子の具体的な頑張りを記録簿に残しておく。学期末に、頑張りをまとめて手紙にして渡す
④1日一人でよいので、保護者宛の連絡帳に、頑張っている姿を伝える
⑤日記を書かせて、その子の頑張りを認める返事を書く

教育を長期的にとらえる

仕掛けは、即効性のあるものばかりではありません。いや、即効性のあるものはほとんどないと言ってもよいでしょう。しかし、仕掛けが複数あることで、1年後に、大きな効果を発揮します。実は、このボディブローのように効いてくる仕掛けが、学級経営の肝なのです。

教育には、短期的に効果が出るものと、長期的に見て効果が出るものとがあります。即効性のない仕掛けを積極的に取り入れる人は、多くありません。取り入れない人もいます。

例えば、夏休みや冬休みに、子どもに手紙を書くという仕掛けもその一つです。その学期の頑張りをたくさん書いて送るのです。頑張ってくれたことへの感謝の手紙でもよいでしょう。

短期的には効果は出ません。単に先生が休み中に手紙をくれただけの話だからです。しかし、その手紙には、自分のよさが書いてあります。自分の頑張りが具体的に書かれてあります。先生は自分を応援してくれている、自分を高く評価してくれていると子どもは感じます。しかも、時々、その手紙が家の中から出てきます。保護者も本人も時々再確認します。

「先生は応援してくれている。よいところを見てくれている」

そういうほんのちょっとした気付きや思いが、だんだんと、学級での頑張りにつながっていくのです。こういうボディブローのようにじわじわと効く取組をするのが、実は極めて大切なのです。

子どもに高い目標を描かせる

1週間で子どもを前向きな気持ちに

4月の学級開きが成功すると、子どもは次のように思います。

「授業は楽しい。そして今年の授業は分かりやすい」
「差別やいじめがなりを潜めた。安心して過ごすことができる」

早ければ学級開きから1週間ほどで、「今年は頑張れそうだ」と思えるようになります。荒れた学級では、1か月くらいかかることもあります。荒れた学級ほど、教師が強いリーダーシップを発揮しなくてはなりません。そのため、「できる・楽しい」授業に全力を注ぎます。ルールやマナー、モラルを徹底し、秩序をつくっていきます。

すると、子どもたちに、「頑張ろう」とする前向きな気持ちが生まれてきます。この「前向きな気持ち」をさらに、大きな「うねり」にしていきます。プラス方向の大きな流れを生み出すのです。頑張ると、教師や友達が認めてくれる。しかも、頑張りがいろいろなところに紹介され、保護者や他の教師までほめてくれる。

失敗しても、挑戦したことをほめられる。失敗してもみんなが応援してくれる。

こうなると、さらに前向きな行動が増えてきます。それが大きなうねりとなり、学級全体に前向きな雰囲気を生み出すのです。

1年後に到達したい自分の姿をイメージさせる

前向きな雰囲気になったら、ようやく次のステップに進むことができます。それは、子どもに高い目標を描かせるということです。つまり、「1年後に到達したい自分の姿」をイメージさせるのです。

1年後ですから、イメージがぼやけていても、まったくかまいません。勉強面や、普段の生活面、友人関係の面など、様々な場面をイメージさせます。この作業はとても大切です。時間をたっぷりとります。ポイントは、できるだけ**「高い目標にすること」**です。現状では達成困難な、不可能とも思える目標にするのです。

まったく水泳のできない子が、１００m以上泳げるようになって記録会に出場するとか、作文の苦手な子が、一度に原稿用紙30枚以上書けるようになるとか、そういう目標です。

具体的な数値が入っていたほうが、より明確な目標になります。

生活面と友達面なら、今よりもよい姿をイメージさせます。


「健康に生き生きと生活できている」

「家族と楽しく過ごしている」

「運動が得意になっている」

「友達ともっと仲よくなっている」

「みんなに感謝される自分になる」


こういった抽象的な目標でもかまいません。望ましい自分の姿を描かせます。

1年後の姿をイメージさせたら、次に、手立てを考えさせます。

「自分は何を頑張るのか」を具体的に考えさせるのです。

例えば、「テレビやインターネットは○分までしか見ないようにする」「机に向かっての学習を毎日○時間は行う」「家庭での手伝いをする」「学級の全員遊びに協力する」などです。

こうして、子どもたちの日々の生活が変わります。目標によって、日々の習慣が変わってくるのです。だから、教師が思いもしないほど、子どもは1年後に成長するのです。

教師の直接的指導だけで子どもが伸びるわけではありません。子ども自身が目標に向かって努力をすることで、伸びていく面もあるのです。努力を惜しまない気持ちを高めることも学級経営には必要になるのです。

子どもたちに1年後の姿をイメージさせる

運動がもっと
できるようになりたいな…
苦手な鉄棒の
練習を週に3回やろう！
手立てを
考えさせる
子どもが努力できるように導く

第4章

5月以降の戦略編

―スモールステップで少しずつ高める―

1か月後に必ずやりたいこと

教師から子どもたちへ

1か月後、5月の連休明けに、すべきことは何でしょうか。

よくある実践は、「ルールの再確認」です。4月に確認したルールを忘れている子もいます。そこで再度、ルールやマナー、モラルを確認していくわけです。

これも確かに効果はあるのですが、その指導だけでは不十分です。他にも意識してほしいことがあります。それは、**「さらによりよい学級をつくるためには、一人一人の力が必要となる」**ということの確認です。

連休明けに尋ねます。

「4月はみんな本当によく頑張りましたね。さらにこの学級をよりよくしていくために、みんなはどうしたらよいと思いますか?」

4月の1か月間、しっかりと指導をしてきたはずです。特に学級開きから最初の1週間には、全力を注いでいたはずです。だからこそ、4月は主に教師のリーダーシップで、学級経営を軌道に乗せることができました。

教師の力で軌道に乗った状態を、今度は「子ども一人一人の力を合わせて、学級をよりよくしていく」よう、方向転換するのです。そして、5月の連休明けに、さらに学級をよくする方策を考えさせるのです。

すると、「4月の状態を悪化させる行動」に意識は向きません。どんな荒れた学級でも、「4月よりもよくするための行動」に意識がいきます。つまり、前向きな方向へと視点が向くのです。

30分ほどでかまいません。自由に話し合わせます。

たった30分です。答えが出なくてかまいません。

しかし、この話合いは、子どもに大きな影響を及ぼします。

「そうか、4月の1か月間は先生がリーダーシップをとって引っ張っていってくれた。学級をつくるのは先生だけだと思っていたけど、そうじゃない。学級をつくるのは、自分たち一人一人でもある。自分も学級をよりよくするための行動をしなくてはならない」

このように、意識の変革が起きるのです。

例えば、5月になって、ルールを破る子がいたとします。そのことに対して、「教師が注意する」のでは、4月と変わりません。

「子どもが不適切な行動をする→教師が注意する」

この構図を5月以降も続ける必要はないのです。

ルールを破る子がいたら、子ども同士で注意し合うようにしないといけないのです。

学級だけでなく、自分についても振り返る

さて、「学級をよりよくする」ための話合いの場で、残りの15分ほど時間が余ります。この15分で、自分の目標を振り返らせる時間をとります。

4月に高い目標を掲げ、毎日やることを決めていたはずです。

「目標に近づいたかどうか」「毎日やることができていたか」

それを振り返らせるのです。

すると、学級全体をよくする方向に意識が向くと同時に、自分の目標に向かって頑張ることへも、意識が向きます。1か月後の連休明けには、この状態をつくらないといけないのです。

5月の連休明けに、4月最初の1週間と同じく、教師がルールを厳しく徹底するだけでは、不十分です。視点や意識を、よりよい未来へ転換させるべきなのです。

よりよい未来へ意識を向けさせることで、結局のところ、ルールやマナー、モラルをもう一度思い出せるのです。

ルールを徹底させるなら、よりよい未来を描かせる中で行っていくことが大切です。

これで、5月以降の生活も前向きに過ごせるようになります。

学級独自の文化をつくる取組を行う

学級の特徴を生み出す取組

学級に文化的なものを取り入れることも、学級経営の一つです。

例えば、将棋や囲碁など**「教師が得意とする遊び」**を取り入れるのもその一つです。

他にも、外で遊ぶなら、缶蹴り、ケイドロなどの「昔遊び」を取り入れます。

雨の日には、カルタ、百人一首、けん玉、ベーゴマ、メンコなどの遊びを教えます。

よくできたもので、昔から伝わる遊びは、今の子どもたちも熱中します。しかも、友達とコミュニケーションをとれる遊びが多いのです。本格的な囲碁が難しければ、マス目の少ない初心者用を取り入れます。


学習面でも、文化をつくっていきます。

例えば、**「名文の暗唱」**です。1か月に一つは暗唱させるといった具合に、12か月分決めていくのです。高学年なら、2週間に一つは暗唱できるので、24以上の名文や詩を用意します。

朝の会や帰りの会などで、「声に出して練習します。覚えたところまで隣の人に言ってみましょう」と指示します。これを2週間繰り返すと、ほぼ暗唱できるようになっています。暗唱テストで合格したら、詩文集などに合格印をつけておきます。ちょっとした取組ですが、学級に知的な雰囲気が醸成されるのです。

また、作文を集めて、**「文集」**をつくるのも効果的です。国語では、作品を読解して、自分なりの解釈を作文にします。そして作文を集めて文集をつくります。素敵な文集を見て保護者も喜びますが、何より子どもが一番喜びます。しかも、前の年の作文集を、教室に置いておきます。すると、先輩を抜こうという意識が生まれます。

社会科や理科では、自分が学んだことを**「論文」**にまとめさせます。

論文と言っても、自分なりに「こういう疑問があったから、こんなふうに実験で確かめました」とまとめるだけです。できるだけ絵や図を使って詳しく書かせます。

または、**「ノートまとめ」**を取り入れてもよいでしょう。単元が終わる度に、見開き2ページで学習のまとめを書かせるのです。丁寧なノートまとめは、学級通信で紹介します。他にも、百人一種の大会に出るとか、算数のノートを何冊書けたかを競うなどの取組があります。

学級文庫に、ミステリー、怪談など、教師がおもしろいと思える本を置いておくのもよいでしょう。仕事の図鑑や、世界遺産の図鑑、おもしろ科学、歴史、偉人伝なども置きます。そして、どれだけ読書ができたかを表彰するのです。

また、自学を推進するのもオススメです。自学の例をプリントにして、配布します。
机に向かう時間は、**「学年×10分＋10分」**などと決めておきます。宿題が早く終わることもあるので、余った時間は自学を進めるというわけです。

自学と言っても難しく考える必要はありません。子どもの学びになることをメニューとして用意すればよいのです。植物のスケッチ、料理を手伝う、家の掃除を隅々までする、10分間で名文をできるだけ多く書き写す、といったメニューです。

秋になると運動習慣と称して、外で何か運動に取り組ませます。

例えば、大縄跳びを全員でやって、10日間で記録を伸ばしてみようとか、3分間に何回跳べるかやってみようとか、そういうことに挑戦するのです。

芸術、運動、学習の領域で、この学級の特徴というものをつくっていきます。

「また、あのクラスがおもしろいこと始めたよ」という噂も出てくるので、学級に誇りをもてるようになります。

5月以降に考える
学級の特徴を生み出す取組

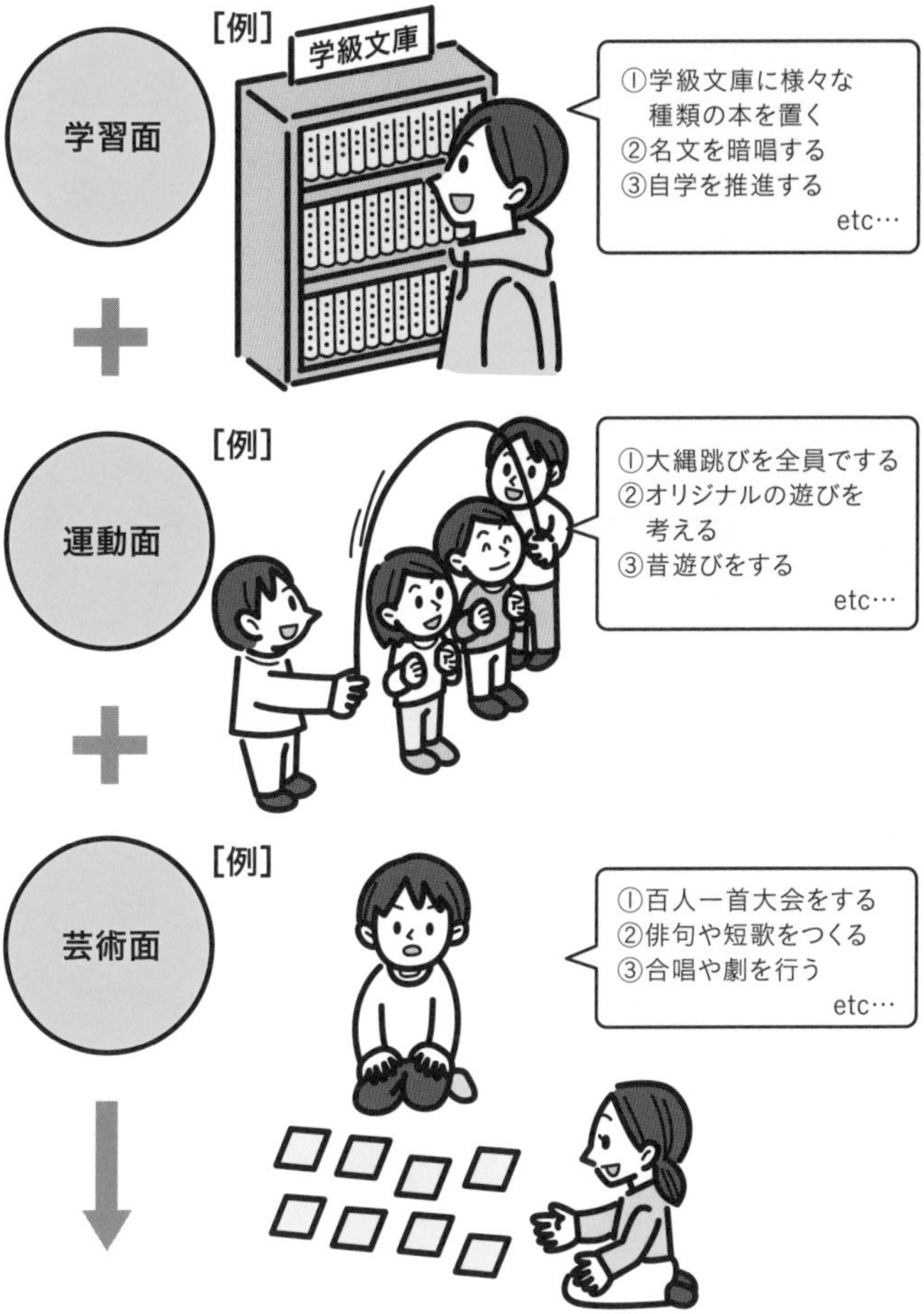
学習面
[例]
学級文庫
①学級文庫に様々な
種類の本を置く
②名文を暗唱する
③自学を推進する
etc…
運動面
[例]
①大縄跳びを全員でする
②オリジナルの遊びを
考える
③昔遊びをする
etc…
芸術面
[例]
①百人一首大会をする
②俳句や短歌をつくる
③合唱や劇を行う
etc…

自分たちの学級独自の取組に誇りがもてる！

学級の風土をつくる

教師の価値観が大切

風土は、文化とは意味合いが違います。

文化が、学問や芸術、スポーツなどの取組を中心とするのに対して、風土は、**考え方を共有すること**を意味します。

言い換えれば、学級で**何らかの価値観を共有する**ことを意味するのです。

教師が大切にしたい価値観を、子どもに伝えます。伝えることで、価値観を共有していきます。

「困っている人に、手を差し伸べられる人になろう」

「自分以外はみんな師です。他の人の考えから学ぼう」

「自分の周りにいる人が喜ぶ行動をしよう」

「失敗しても成長できる。挑戦しないことこそ、真の失敗だ」

このように、教師が大切にしている価値観を話せばよいのです。

ある教師は、「人の身体の悪口は言わないものだ」という価値観を事あるごとに話していました。この価値観を子どもたちにも共有しました。

共有しても、これまでの習慣で、つい悪口を言うこともありました。

悪口を言うたびに、教師から指導が入りました。子どもたちは、徐々に「身体の悪口は言わない」ことを意識し始め、数か月経つ頃には、風土として定着しました。

すごいと思うのは、担任が替わっても、子どもたちはこの価値観を忘れずに、卒業していったことです。


このように、大切にしてほしい価値観を、積極的に教師が伝えなくてはなりません。

というのも、放っておくと、**友人関係の生み出す雰囲気が、そのまま学級の風土になる**ことが多いからです。

例えば、友人関係の間で、「一生懸命やるのは格好悪い」という雰囲気があるとします。すると、その雰囲気がそのまま、学級の雰囲気になることがあるのです。放っておくと、やがて風土として定着してしまいます。

よい雰囲気なら、何の問題もないのですが、往々にしてよくない雰囲気が浸透することがあるのです。だからこそ、自然発生的に風土が生まれるのを待つのではだめなのです。教師こそが、共有させたい価値観を、積極的に伝えるべきなのです。

自己紹介での例

さて、4月最初に、自己紹介をしたはずです。この自己紹介の段階で、大切にしてほしい価値観を話したかもしれません。

5月からは、もっと積極的に、「大切にしてほしい価値観」を示すようにします。

①「みんなが今生きていられるのは、様々な人のお世話になっているからです。だから感謝の気持ちをもちましょう」

②「今みんなが楽しく学校生活を送れているのは、先輩たちが楽しい学校の雰囲気をつくってくれていたからです。だからその雰囲気をこれからも守っていきましょう」

③「イベントはみんなで力を合わせることが大切です。一人に任せるのではなくて、自分にで

きることを探して、仕事をしましょう。それが力を合わせることです」

このように何かの機会を見て、大切にしてほしい価値観を示していきます。価値観を語る学級とそうでない学級とでは、1年間で大きな違いが出てきます。教師が示した価値観がやがて風土として、学級の雰囲気をつくっていくからです。

よい雰囲気が学級にできると、その雰囲気に子どもは自然と染まっていきます。

「困っている人に手を差し伸べられる人になろう」と何度も言っていると、自然と、困っている人がいたらすぐに助けられるようになるのです。無意識に、自然とそういう行動をとるようになるのです。

感謝の気持ちをもたせる取組を開始する

なぜ、「感謝の時間」をとるのか

5月に入ってから、お世話になっている人に感謝する時間を、定期的にとるようにします。

1か月に一度でもかまいません。例えば、席替えのタイミングで時間をとります。

「この1か月、班でお世話になった人に感謝の手紙を書きます」と指示します。

1か月の間、班の人にいろいろなことでお世話になっていることを思い出させます。

「そういえば、勉強で分からなくて困っているときに教えてくれたな」

「いつもユーモアを言ってくれて、楽しく盛り上げてくれたな」

「忘れ物をしたときに、助けてくれたな」

意識してみると、感謝すべきことが頭に浮かびます。それを小さな紙に書き、手紙として相手に渡すのです。

この「感謝の時間」をとることは、とても大切な意味があります。

一つ目は、**「感謝すべき他の人の行動を見えるようにする」**という意味です。

人は誰しも、自分が重要だと思っていることしか見えていません。正確に言えば、重要だと思っていること以外は、意識にのぼらないのです。車や服を買いたいと思っている人が、同じ車や服装が目につくのと同じ原理です。意識して初めて、見えてくるのです。

「感謝の時間」をとっていると、感謝すべき行動を探すようになります。そして普段は意識にのぼらない、様々な感謝すべき行動が初めて見えてくるというわけです。

子どもたちは、最初は、特別な行為に対してだけ感謝しています。「忘れ物を貸してくれた」「荷物を運ぶのを手伝ってくれた」などの、目立つ行為には感謝しているのです。

しかし、当たり前のようになっている行為には目が向いていません。

「給食を用意してくれてありがとう」「友達が自分の意見を聴いてくれてありがとう」「友達と一緒に遊べてありがとう」このように、いろいろな恩恵を受けていることに気付かせていくのです。

感謝の時間をとるのは、もう一つ意味があります。それは、**「人に貢献することがうれしいという気持ちをもたせる」**意味です。「貢献して感謝される」これは誰だってうれしいものです。

感謝の時間が定期的にやってくるので、周りの人から感謝される行動をとろうと自然に思えます。せめて近くの人に何か貢献しようと思えるのです。「周りにいる人の心を温めること」は、昔から伝わる「一隅を照らす」という考え方です。学級のそれぞれの子が、周りにいる自分の近くの人の心を温める行動をとる。その小さな光が集まって、学級全体として明るく輝くという原理です。

三つ目は、**人と人との「関係性」に気付かせる**意味があります。

感謝の気持ちをもたせることで、人は「謙虚」になっていきます。「自分一人で何でもやっている」という意識が薄れていくからです。多くの人の関係性の中で、生かされている自分をイメージできるようになり、自ずと「関係性」を学び、謙虚さが生まれてくるわけです。

人は、様々な関係性の中で生きています。今日何かを食べることができたのも、人と人との関係性があったからこそです。お米一つ、人と人との関係性がないと食べられないのです。「様々な人とのかかわりの中で、今自分が生かされているのだ」ということを時々でよいので振り返らせたいのです。

「よいところ見つけ」を継続的に行う

視点を「友達のよさ」に向けるために

「よいところ見つけ」は、友達のよいところを見つけ、紹介し合う活動のことです。

①まず、白紙のカードを配ります。そこに自分の名前を書かせます。
②4人班の中で、カードをシャッフルします。
③友達の名前が書かれているカードに、その友達のよいところを書かせます。書いた人の名前は匿名でかまいません。
④4人班の中で、自分以外の3人に対して、よいところを書いていきます。そして、その4人班のカードを、別の班に渡します。
⑤まわってきたカードに、またその友達のよいところを書かせます。
⑥これを30分間ほどで、何度か繰り返します。すると、10人程度から、自分のよいところが書かれたカードができあがります。

⑦教師がカードを集めます。そして、特によい表現を紹介します。

「○君は、いつも元気でみんなを引っ張っていってくれるので、同じ班になってうれしかったです。みんなに優しいので、安心して任せられました」

「○さんは、いつも丁寧にノートを書いていてすごいと思いました。それに、おもしろいアイデアを教えてくれるので、発想が天才的なんだと思いました」

⑧できるだけ「人格をほめている」ものを紹介していきます。ほめるときは、「人格までほめたら」よいのです。叱るときは反対です。行動だけ叱ったらよいのです。

⑨最後にそのカードを本人に渡します。子どもたちはシーンとなり、そのカードを読み始めます。

「よいところ見つけ」は匿名で書かせるので、気負いなく素直に、友達のよさを書くことができます。

結果として、友達とほめ合っている状態になるのです。1か月にたった一度の取組でも、劇的な変化が訪れます。まず、友達のよいところを意識するようになります。短所に注目するのではなく、長所に注目するようになるのです。

それに、自分に自信がついてきます。友達との絆も感じられます。そして、友達のために頑張る気持ちになっていきます。

自分では気付けないよさに気付くために

「よいところ見つけ」は、「自分では気付けないよいところ」にも気付かせることができます。

サンフランシスコ州立大学の心理学者ジョセフ・ルフト（Joseph Luft）とハリー・インガム（Harry Ingham）が発表した「ジョハリの窓」があります。

この窓の中に、「盲点の窓」があります。自分では気付いていないけれど、他人からは見られている自己です。つまり、自分では気付けない自分のよさに気付けるメリットがあるのです。そして、ますます自信が出てくるというわけです。

ちなみに、「よいところ見つけ」は、教師も行います。学期中に、よいところがあると思ったら、ノートなどにメモしておきます。1日にたった一人でもかまいません。具体的な事実をメモしておきます。

「ゴミが落ちているのを拾ってくれていた。掃除のときに誰もやらないような隅々まで丁寧に雑巾で拭き取ってくれていた」。
「○さんが持ち物を忘れたので、すぐに助けてあげていた。また、分からないところがあって困っているのを教えてあげていた」。

これらについてはすぐに紹介してもよいし、1か月ためて、まとめて紹介してもかまいません。私の場合は、週に数回発行の学級通信で紹介するようにしていました。1か月もすれば全員が複数回、具体的なことでほめられます。

さらに学級通信に載せると、よいことがあります。子どもだけでなく、保護者も見ます。家族の周辺の人が見ます。他の教師も見ます。

「あの荒れた子が、授業中に何度も自分から発表しているんだ」
「あの子がこんなに陰ながら頑張っているんだ」

そして、いろいろな人から何度もほめられる状態になるのです。

しかも、教師の意識も変わります。子どものよいところを見つけようと思っていると、短所ではなく、長所に視点が移るのです。

学期末には、「寄せ書き」をさせることもあります。その子の頑張りやよさを、作品保管の袋などに寄せ書きをさせるのです。

寄せ書きを見ながら、じっと静かにそれを読んでいた子がいます。昨年度まで不登校で、いじめを受けていた子です。

お楽しみ会が終わり、会の後で寄せ書きをさせました。その寄せ書きをじっと見ているのです。「信じられない。こんなにみんなからほめる言葉をもらえるなんて」という感想をもらしていました。帰りの会のときも、帰りの会が終わっても、しばらく教室に一人残ってじっとじっとその寄せ書きを見ているのです。そして目に涙を浮かべているのです。

不登校だった子が、今年は元気に登校するということがあります。それは、人とのつながりを感じるからです。そのつながりに希望を感じるからです。

授業のゴールをイメージして手立てを打つ

授業のゴール

学級経営では、1年後の「ゴール」をイメージすることが大切だと言いました。授業でもゴールへのイメージが大切になります。

では、授業のゴールとは何でしょうか。

授業のゴールは、これまでに学んだ知識や技能、考え方を活用できるということです。別の表現をすれば、学び方を活かしながら、自分で問題を解決していけたらよいのです。このような子どもたちは、最終的には、高い目標への挑戦ができるようになります。

この授業面のゴールを、まずはイメージすることから始めます。

受けもっている子どもたちが、1年後にどういう姿になっていたらよいのか？

ぼんやりとしたイメージでかまいません。それを思い描くのです。

「自分から学び続ける子どもたち」
「仲間と協力して、難問を解決する子どもたち」
「進んで問題を見つけ、解決しようとする子どもたち」

このようなことを思い描いていきます。

授業のゴールに向かう手立てを細分化して考える

さて、1年後のゴールを思い描いたら、次に「そのためにどうするか?」を考えなくてはなりません。「手立て」を考えるわけです。

①自分で問いを生み出し、解決していく力と姿勢を養う
②他人の意見にも価値があることを理解し、討論する力と姿勢を養う

1年後のゴールを思い描くことで、初めて「手立て」が見えてきます。

そしてゴールに到達するために、1学期のうちから少しずつこのようなことをしていこうとアイデアが浮かんでくるのです。

偶然ゴールに到達することはありません。教師がゴールを思い描き、到達するための手立てを実行していくから、ゴールに到達できるのです。

つまり、**「意図的・計画的・組織的」**に、手立てを打っていくのです。

例えば、1年後に子どもだけで討論ができるようにするとします。

討論の授業は一朝一夕にはできません。

少しずつ、ゴールに向かって「手立て」を打っていく必要があります。

次ページに、討論を行う際の「手立て」を打つステップを示しておきます。このように細かくステップを踏み、少しずつ子どもたちの力を高めていくよう計画するのです。

授業のゴールに向かう手立て

クラスで討論を行う際のステップ

STEP1

次々と意見を発表
できるようにする

STEP2

ペアでの話合いが
進んでできるようにする

STEP3

４人班で「賛成」「反対」に
分かれて意見を交流する

STEP4

同意見10人ほどのグループで
意見を交換する

STEP5

同じ意見の人と協力して
反対意見を言えるようにする

STEP6

10人程度で「賛成」「反対」に
分かれて討論できるようにする

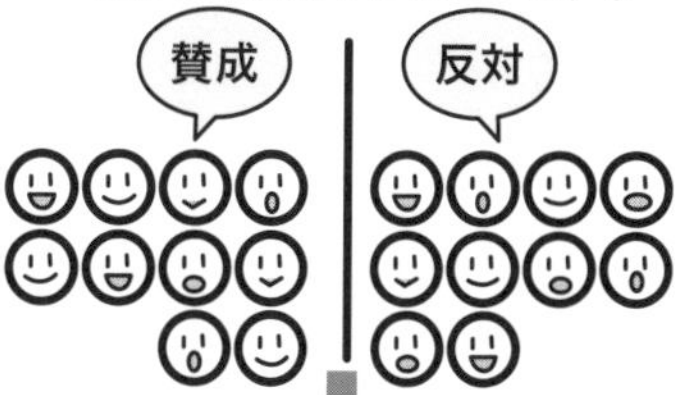

最終STEP　学級全体でいろいろな意見に対して
自由に討論できるようにする

「授業の型」を意識して進めることで「学習の型」を定着させる

まずは「授業の型」を知る

授業には型があります。

その授業の型をまず知ること。そこから授業づくりが始まります。

授業の型は、教科によって違いがあります。違いはあるのですが、大きく見れば共通していることがあります。

■「授業の型」の基本的な考え
①知識や体験を蓄積させ、「ある程度分かった状態」をつくる
②ある程度分かった状態では答えられない問題を提示し、認識の飛躍を促す
③問題を解決するための活動を用意し、話合いによって考えを深めさせる

多くの授業はこの「型」で進みます。

例えば、社会科なら、次のように授業が展開します。

まずは、情報や体験を蓄積させます。3年生での農家の仕事を学ぶ単元なら、田畑の写真を見せたり、実際に田畑を見に行ったりします。

また、知っていることを情報交換させます。これで情報や体験が蓄積されていきます。つまり「ある程度分かった状態」になるのです。続いて、教師の発問によって、疑問をもたせます。


「このあたりでは、どんな食べ物を育てていますか」

「ナスを育てるには、どんな仕事があると思いますか」

「おいしいナスを育てる工夫にはどんなものがあると思いますか」

「ナスの種類によって値段が大きく違うのはなぜだと思いますか」


このような問いには、なかなか答えられません。

というのも、このような細かいところまで意識して、畑を見に行っていないからです。

目では見えていても、意識できていない状態なのです。子どもは（大人でも）、知らないことは見えてきません。そして、重要でないことも見えません。

だから教師の発問によって、子どもが素通りしてしまったところに、気付かせていきます。意識の外にある問いですから、認識の飛躍が求められます。もう少し調べないと答えることができません。

「いろいろな疑問が見つかりました。次にするのは何でしょうか」

次に行うのは、予想です。仮説と言ってもよいでしょう。

「たぶんこんな仕事や工夫があるのだろう」と予想させます。予想ならある程度当てずっぽうでかまいません。仮説までつくらせるなら、さらに資料や体験を蓄積させないといけません。

続いて、解決方法を尋ねます。

「予想が正しいかを調べるために、どんな方法がありますか」

「新聞やインターネット、参考書、図鑑で調べる」「農家の人に質問する」「関係者に取材に行く」「自分で育ててみる」など、様々な意見が出されます。

そして問題を解決する場を用意します。実際に農家に見学に行って、質問させてもらうわけです。

見学後には、調べたことを情報共有させます。
まずは4人班で共有させます。
4人班で共有した情報を整理させ、学級全体の場で発表させます。
そして、分かったことを話し合わせます。意見が食い違ったら、討論します。
このように、授業の型通りに進めていくのです。

「学習の型」を身につけさせる

さて、授業を型通りに進める中で、「学び方」をも、子どもに教えることができました。

「次に何をするのですか」
「調べるためにどんな方法がありますか」

これは「学び方」を教えていることになります。
すなわち、教師が授業の型通りに進めていけば、子どもには学習の型が身につくというわけです。毎回の単元で、「次に何をしますか」と問います。すると、子どもは、学習の型がだんだん分かってきます。学び方が身についた子どもたちは、自分で調べることができるようになっていきます。

他にも、国語で言えば、教師が発問して、その発問に沿って物語を読むのが一般的な授業です。読解のための発問を繰り返し行っていきます。

そのたびに、文や言葉の意味に注目させ、読み取らせていきます。

読解のための発問を繰り返していると、やがて子どもは、その発問を自分で意識しながら読めるようになっていきます。

つまり、読解の仕方（学び方）を身につけたわけです。

「1年後に、子どもが自分だけで学べるようにする」

その意識を教師がもっているかどうかが、重要なのです。

3学期には、学んだ学び方を使いこなす、そして、自分で学習をある程度は進められるようになっていないといけないわけです。これが「生きて働く力」なのです。

学習の記録を残す

ノートから学びの成果が実感できる

学習の成果を、目に見える形に残していくようにします。

例えば算数のノートです。毎回、丁寧に書かせます。しかも、1時間で何ページも書かせます。するると、1か月程度で1冊のノートが終わります。

ノート1冊が終わると、「NO・1完了」などと、表紙に書いておきます。そして「よく頑張ったね」とねぎらいます。ノートの最後のページに、努力を認めるコメントを書いてあげます。

「よく頑張りました。これからも期待しています」

ノートを見返した子どもは、自分のノートの丁寧さに感心します。美しいノートに自分で惚れ惚れするのです。しかも、自分の考えもぎっしり書かれており、さらに友達の考えも書かれています。計算問題など、数多く解いたあとがあります。

「こんなに自分は努力してきたのか」と、自分のことをすごいと思えます。

そして2か月、3か月と経つと、ノートが3冊、4冊たまってきます。

「すでにノートが3冊終わった人がいます」などと学級通信で報告します。美しいノートの見本も紹介します。紹介された子はうれしくてやる気になります。しかも、それを見た子も、「自分ももっと頑張ろう」とやる気が出てきます。

算数大嫌い、ノートをとったことがないという子が、1学期間に、ノート3冊も4冊も書くようになります。これには、保護者も周りの子も、他の教師もびっくりします。

「ノートの保管庫」

終わったノートは大切に保管させます。家に保管できる場所がない子のために、教室にも**「ノートの保管庫」**を用意します。

自分の頑張った足跡が残ることは、子どもにとってうれしいことです。

「去年よりめちゃくちゃ頑張っている！」子どもたちは口々にそう言います。そこから、また次の学習への主体性が生まれてきます。

算数だけではありません。国語、理科、社会など、全ての教科で美しいノートができあがっています。自分の考え、友達の考えもたっぷりと書かれています。

理科では実験や観察のたびに、丁寧に実験・観察の記録が書かれています。

社会なら、調べ学習を詳細に行ったあとや、学習のまとめが美しく書かれています。

国語で作文を書かせたら、それも保管させます。

こうして1学期が終わる頃、如実に変化が現れます。

まず、保護者から協力が得られるようになります。ノートが美しく丁寧で、しかもぎっしりと書かれてあることに、保護者も感動するのです。そして、応援してくれるようになります。

筆記用具など、細かなところまで準備してくれるようになります。「ノート、今年はたくさん使うのね」と、用意してくれるようになります。

子どもは自信が出てきます。こんなに勉強を頑張る自分に誇りをもてるようになるのです。

自分の頑張った足跡を目に見える形で残すこと。これは、学習へのやる気を高める大切な方法なのです。

長い休みの後の指導

「凡事徹底」を心がける

夏休みや冬休みなど、長い休み明けの指導は大切です。休みの後には、「学級生活のリズムや習慣」を忘れている子がいるからです。

例えば、「さっと行動に移る」ことも、休み明けになるとできなくなってしまうことがあります。これは生活のリズムや習慣が、家と学校では違うからです。そのため、まずやるべきは、学級のリズムや習慣を思い出させることです。簡単なことから始めるとよいでしょう。いわゆる**「凡事徹底」**です。

まずは、挨拶です。休み明けに、ダラダラとした挨拶になっていたら、「元気がないですね。もう一度挨拶します」とやり直しさせます。

ほんの数秒のやり直しです。しかし、子どもの背筋が伸びます。そして教室に、「きちんとしないとな」という雰囲気が生まれます。

教師が話し始めるときも同じです。

長い休み明けですから、話を聞く姿勢になっていない人もいるかもしれません。椅子が入っていない人がいるかもしれません。

話を始めてしばらくして言います。

「よい姿勢で話を聞いてくれている人がいていいですね」

この教師の一言により、クラスにピリッとした雰囲気が生まれます。そして、子どもたちは思い出してくるのです。

「そういえば、挨拶はきちんとしないとな。話を聞くときは姿勢を正さないとな」

ほんの数秒の指導ですが、効果は絶大です。

こういう「凡事」を思い出させ、「徹底」するのです。

休み明け「3日」が勝負

続いて、授業のリズムと習慣を思い出させます。

休み時間のうちに、教科書やノートを用意しておかないといけません。ところが、休み明けになると、それができていません。授業が始まって慌てて探し始める始末です。しかも、教科書やノート、筆記用具を忘れる子もいます。

一方、きちんと授業の準備ができている子もいます。

そういう姿を見逃さずに、授業の最初にほめていきます。

「チャイムが鳴ったときに、教科書もノートも出せていた人？　すばらしいですね」

これでまた思い出します。「そうだった。休み時間に用意しておくのだった」と。

さて、長い休みの後には、初日に、休み中の思い出を語ってもらう機会があるはずです。

これも、のんべんだらりと発表させることはしません。初日から、自分から立候補して進んで発表するよう指示します。さらに、教師が指名することなしに、次々と発表させるのです。

ここでも、1学期にできていた「次々と発表する」ことが、できなくなってしまっています。子どもたちは教師の指示により、「そういえば、授業では自分から進んで発表することが大切だったな」と思い出してきます。この発表は簡単でよいのです。短くてもよいのです。とにかく「自分で前に出てきて、発表」させます。

さらに、聞く人には、前向きな感想を言うよう指示します。すると、「発表は真剣に聴いて、しかも前向きな言葉をかけるんだったな」と思い出し、学校での習慣がよみがえってきます。

漢字のテストもいきなり行います。50問テストです。

これは夏休み前や冬休み前に、事前に予告をしてお

夏休み明けの「3日」が勝負
50問漢字テスト
[夏休み前]
休み明けに
漢字テストを
するから
しっかり
練習してね
学級に締まりが出る!
[夏休み後]
練習した
問題だ!
20分

きます。「休み明けに、漢字テストをするからね。練習してきてね」と。

そして、テストと同じ練習用のプリントを大量に印刷して、何枚でも自由に持って帰らせます。一人で10枚ほど持って帰ります。

そして、休み明け、いきなりテストをするのです。

同じプリントですから、きちんとやってきた人は、100点をとれます。しっかりと書けている子をしっかりとほめていきます。そうすることで、「地道に頑張ることが大切だった」ということを思い出させていきます。

しかも時間制限があります。20分ほどでやらせるのです。

このように、初日から、次々と手立てを打っていき、1日も早く、学級での生活のリズムや習慣を思い出させていくのです。


生活のリズムと習慣を思い出させるために、あと一つやることがあります。

それは、**「目標に向かって頑張ろうという前向きな気持ちの波及」**です。

目標のために、努力すべきことも、長い休みの前には考えさせています。休み中に、毎日努力すべきこと、家でのお手伝いなど、必ず毎日やることを考えさせます。

そして、休み明けに、「この学期の目標」を考えさせます。3日目あたりに、「2学期に頑張りたいこと」を一人30秒ほどで発表してもらいます。

たった一人30秒ですが、30人も続くと効果は絶大です。

「あの人が頑張るなら自分も頑張ろう」と、前向きな気持ちが周りにも波及していくのです。

休み明け3日も経つと、すっかりと学校のリズムと習慣を思い出して、スムーズに学校生活を送ることができるようになります。

何も教師が意識せずに3日を過ごしてしまうと、「水は低きに流れる」ように、学級の生活リズムや習慣が戻らず、締まりのない雰囲気になってしまうのです。

ハイレベル課題への挑戦

集団を鍛えるハイレベルな課題

子どもを伸ばすため、発展的な課題に挑戦させます。例えば算数なら、日本古来から伝わる「和算」が難問としてオススメです。中学受験で学ぶ問題にも、よいものがたくさんあります。

例えば、次のような問題です。

■問題①
Aさんと Bさんが学校から同じ塾に行きます。Aさんは、13時に出発し、Bさんは13時15分に出発したところ、13時40分にBさんはAさんに追いつきました。AさんとBさんの速さの比を求めなさい。

追いついた地点まで、Aさんは40分かかり、Bさんは25分かかっています。

ということは、時間の比は、A：B＝8：5です。

距離は同じなので、反対にすると速さの比となります。A：B＝5：8です。

同じようなものとして、次の問題も出します。

■問題②

Aさんと Bさんが100m競争しました。Aさんがゴールしたとき、Bさんはゴール手前20mのところにいました。二人が同時にゴールに着くように、Aさんのスタートラインを後ろに下げることにします。Aさんのスタートラインを何m下げると、二人は同時にゴールできますか。

今度は時間が一定で、道のりが、Aさん100m、Bさん80mで異なります。

比にすると、A：B＝5：4になります。

時間が一定で道のりだけ違うので、これがそのまま速さの比になっています。

今度は同時にゴールしないといけないので、Bさんが100m（比＝4）進む間に、Aさんは、比で言えば「比＝5」だけ走る必要があります。比を利用すれば、100×5/4で、125mだけAさんは走る必要があります。

ということで、スタートラインを25m下げたらよいのです。

このような難問は、子どもたちが熱中します。

同じような問題でも、いろいろな角度から尋ねることができます。

例えば旅人算にすると、「Aさんは30分後に到着して、Bさんは5分後に出て、20分で到着します。BさんがAさんに追いつくのは、Bさんが出発して何分後ですか」（答えは10分後）などの問題になります。

難しいので、4人班で相談させます。また、話合いから5分経過した頃に、教師がヒントを出します。そして、再び話合いの時間をとります。

個別に難問を解かせるときは、難問を**5問**程度示すこともあります。一つでも解けたらよいことにします。

なぜ5問出すかというと、1問は比較的簡単な難問を入れておくためです。地道に計算していけば解ける問題や、試行錯誤していけば解ける問題などを一つ取り入れておくのです。

他の教科でも、ハイレベルな課題を与えます。

理科なら、「今回は、自分で問題を見つけ、自分で解決してもらいます」と宣言するといった具合です。

国語の読解でも、「答えは先生にも分からないので、討論によって、より確からしい答えを見つけましょう」と宣言することがあります。また、「この物語を読んで、自分で問題をつくってみましょう」と指示することもあります。

社会科なら、「歴史年表を自分たちでつくりましょう」とか「人物を一人選んで、その人物の詳しい説明を書きましょう」と指示してもよいでしょう。

このように、定期的に、ハイレベルな課題を与えていきます。

運動面でも、例えば「大縄跳び、1分間で何回跳べるか、学級全員でチャレンジしてみましょう」などと課題を出すことがあります。

子ども一人一人を鍛えるという意味もありますが、集団を鍛えるという意味もあります。ぬるま湯に浸かるような学級経営では、子どもは鍛えられません。困難な場も、あえて教師が用意していくのです。

努力を継続したことで自分の力が伸びていることを「視覚化」する

努力の結果を実感させるには

継続して行うと効果が出る活動があります。例えば、**逆上がり、作文、計算の速さ、読書、ノートづくり**などです。他にも、**百人一首、マラソン、縄跳び、自学**などが挙げられます。

短期間には自分の力が向上しなくても、努力を続けていると、大きな成果となって現れます。

ここで教師が気をつけたいことがあります。

POINT **「力の伸び」を「視覚化」してあげる**

なぜなら、長期間の努力を必要とする活動ほど、自分の力が伸びていることが実感しにくいからです。自分が伸びていないと思ったら、途中で諦めてしまうことになりかねません。

つまり、努力の結果を可視化して見えるようにしないといけないのです。

「結果の視覚化」はどんなときでも使えます。

例えば、1年生の掃除の指導をするとします。このとき、単に「ぞうきんをかけなさい」と言うだけでは、やる気を引き出せません。ところが次のように言えば違ってきます。

「ぞうきんができるだけ汚れるように頑張りましょう」

そう言えば、よりやる気が出てきます。ぞうきんの汚れで、自分の頑張りが分かるからです。

さらに、汚れたぞうきんを教師が確認し、「こんなに汚れるまで頑張ったんだ、すごいね」と、努力を認めていくと、もっとやる気を引き出せます。

また、「こんなに汚れるところってどんなところだったの?」と振り返らせると、子どもは「端が汚かったよ」とか「誰も掃除しないような隅が汚かったよ」と答えます。

「じゃあ、そういうところを頑張って掃除するといいんだね」と言えば、汚いところを優先的に頑張るようになります。自分一人でも、教師がいなくても頑張れるようにしていくのです。

このように、頑張った結果を目に見える形にして、自分の努力の仕方を振り返ることができるようにするのです。

■教師の指導の流れ
①自分の頑張りや進歩が自分で確認できるよう可視化する
②教師がそれをチェックして、頑張りや進歩を認める
③振り返りをさせることで、自分一人で努力を継続できるようにする

縄跳びや長い作文、漢字の習得、持久走、鉄棒の逆上がり、全て同じことが言えます。サッカーでも、ドリブルのメニューを配って、ここまで何秒で往復できたら、○級だよというカードがあれば、それで可視化ができていることになります。そして、そのカードを教師に提出させて、「頑張ったね」と一言書くだけでも、伸びを実感することができます。

さらに、「何かうまくなった秘訣はあるのかな？」と尋ねます。

このように言葉をかけることで、毎日少しでもよいから練習することのよさや、「親指と小指に交互にボールを当てる」などのコツを振り返らせます。こうして、自分でさらに努力を続けるようになるのです。

トラブルを学びのチャンスに変える

トラブル対応には「手順」がある

教室には様々なトラブルが発生します。例えば、喧嘩が起きたとします。このとき、どう対応すればよいのでしょうか。

オーソドックスな方法としては、次のようになります。

最初は教師が話を聴きます。一人ずつ話を聴きます。

一人が話しているときに、別の子が割り込んでくるはずです。

「ちょっと待っていてね。まずA君が話しますからね。あとでちゃんと話を聴くから待っててね」とたしなめます。あくまで一人ずつ話を聴いていきます。このとき、「相手が悪い」と主張したり、言い訳もしたりするはずですが、非難や言い訳も、しっかりと聞いていきます。そして、自分にも非があったことに気付かせていきます。

子ども：「B君が文句を言っていたから、カッとなって言い返した。でも先に文句を言ってきたB君が悪いんだ」
教　師：「そうか、カッとなって言い返したんだね。結構きつく言ったの？」
子ども：「うん。きつく言い返してしまった」
教　師：「そうか。きつく言い返してしまったんだね。分かったよ」

自分にも非があったことは、このようにして気付かせていきます。
こうして全員から話を聞きます。教師は子どもを批判しません。見苦しい言い訳でも、「うん。そうか」と相づちを打ちながら聞きます。
そして、次のように言います。

「喧嘩が起きたとき、自分が100%正しいということはめったにないんです。相手も悪いし自分も悪いことがほとんどです。では、自分は何%くらい正しいですか？　半分正しいなら50%です。かなり正しいなら、70%くらいです。あまり正しくないなら、30%くらいです」

すると、100%とはまず言いません。50%とか、非を認めない子も90%などと言います。

「そうか。ちゃんと自分にも悪かったところがあったことを認めているんだね。それはすばらしいことですよ。では、自分が悪かったところだけ謝りましょう。自分が悪かったところを認めたら、それで仲直りできます。じゃあ、先に謝れるという勇気のある人はいますか？」

こう言われると、「じゃあ謝ろうか」という気にもなってきます。

こうして、先に謝った子をしっかりとほめます。

「一度謝ったら、二度とこの喧嘩のことを話題にしません。謝ったら終わりです」

このルールも伝えておきます。そして、教師もこの喧嘩のことには決して触れないようにします。「もう終わったよ。これで仲直りです」と力強く言って終わるのです。

仲裁のポイントは、喧嘩の解決の仕方を教えていることです。喧嘩やすれ違いが起きたときは、相手の話をしっかりと聴き、その上で、自分の考えをしっかりと言い、そして、自分が悪かったところだけは謝るようにすればよい、そうすれば仲直りができることを、一つ一つ教えていくのです。

これを繰り返していると、教師の介入はそもそも必要ありません。

喧嘩やすれ違いが起きたときには、**「①相手の話を聴く→②自分の考えも伝える→③悪かったところだけお互い謝る→④謝ったら喧嘩は終わり」**こうした手順を繰り返すことで、子どもは学びます。教師がいなくても、自分たちで解決できると。そして、教師のところへわざわざ喧嘩のことを持ち込まなくても、自分たちで解決できるようになるのです。

「差別」にかかわるトラブル対応

他のトラブルとして、学級全体の問題が起きることがあります。単に掃除をさぼったとか、休みの時間を守らないとか、そういうことは教師の指導の範疇です。教師が指導すれば済みます。

しかし、遊びのときに特定の人だけで集まって遊んでいて、他の子をはじいているとか、掃除のときに雑巾がけをやらない人がいるとか、そういう問題には注意が必要です。

このようなトラブルは**「差別」**から来ています。力関係に強弱が生じているのです。このような階層構造は、壊していかなくてはなりません。これは教師が直接本人に指導するだけでは、効果は少ないのです。学級全体の問題として、全員で考えたほうが効果的です。

堂々と意見を言える子ばかりではないので、最初は匿名でもかまいません。

「何か困ったことがあれば、いつでも先生に言いましょう」と伝えておきます。

日記に書いてくる子もいますし、そっと教えてくれる子もいます。個人面談で初めて話してくれる子もいます。とにかく、何かおかしなことや、許せないこと、そんなことがあったらいつでも教師に相談するよう言っておきます。

「ある人たちから相談がありました。複数の人から相談があったということは、他にも多くの人が感じているということです。だからこれから言うことは、多くの人が感じており、困っていることなのです」

このように前置きして始めます。

「掃除のときに、雑巾がけを他の人にさせる。遊びのときに特定の人だけで遊んで、他の子が

入れてと言っても入れてくれない。これは、先生の大嫌いな差別があるのではないですか。みなさんはどう思いますか。自由に話してごらんなさい」

こうして話合いの時間をとります。

結論はどうあってもよいのです。話合いをした結果、「単に仲のよい友達で遊びたかっただけじゃないの?」「雑巾が汚いことが悪いんだ」となっても、まあよいのです。とにかく、「差別は許せないことなのだ」という前提で、自分たちの行動を振り返らせることが大切なのです。「次から差別的な言動に気をつける」そう意識させることが必要なのです。

教師の立場ははっきり示しておきます。

「差別ではないという人と、差別だという人といろいろな意見が出ました。先生は、もし、人によって区別しているなら、差別だと思います。絶対に許せません。どういう考えでこういう行為をしたのか、これからは、厳しく本人に聞くことにします。たまたま仲のよい友達で遊ぶ約束をしていたということですね。じゃあ、それを説明しましたか? 次に遊ぼうと優しく言ってあげましたか。雑巾が汚いのが嫌と言うけど、手袋も置いてますよ。おかしいんじゃな

いですか。今のようにおかしなところがあったら、それは差別と言われても仕方ないですよ。次は先生が直接本人に問います」

教師の立場は一貫しています。「差別は許されない」と主張し続ければよいのです。この話合いで、子どもたちは次のように学びます。「学級全体のトラブルのときは、意見を言い合って、少しずつよりよい方向へ歩み始めたらよいのだ」と。

こうした話合いの場をもつことで、行動が改善されてくるのです。一人の問題が、全体の問題でもあるのだということが分かってくるのです。

どんなよい学級でもトラブルは起きます。トラブルの解決の仕方を教えることで、教師が介入しなくても、トラブルを子どもたちだけで解決できるようになります。その結果、よい学級では、トラブルは毎日起きているのだけど、自然と解決されている状態になるのです。だから落ち着いて見えるのです。

自立と自治へと導く活動を用意する

出張中のトラブル

荒れた学年を受けもっていたときの話です。

1学期に落ち着きを見せ、2学期には、ずいぶん頑張る子どもたちの姿が見られるようになりました。

「もうこれで荒れはなりを潜めたな」そう思っていた矢先のことです。

2学期に私の出張が入りました。丸2日間、教室を空けることになったのです。私がいなくても大丈夫だろう。そう高をくくっていました。

ところが、出張から帰ってみると、様々なトラブルが発生していました。トラブルが起きるのはまあよいのです。トラブルの中身が問題でした。

・友達と言い合いになって喧嘩になって、そのまま仲直りしていない
・日直が司会をしているのに、話を聴かずにおしゃべりをしている
・掃除をきちんとしない。時間を守らない

つまり、自治とはほど遠い姿だったのです。

もちろん私は出張の前に、特に注意点などは言っていません。「先生がいないのでみんなだけできちんとしなさいよ」などとは、言っていないのです。私がいなくても、自分たちで何とかするだろうと期待していたのです。

しかし、できていない現状が明らかになってしまいました。

さて、2学期にこの現状に気付けたのは幸いでした。私はすぐにトラブルの詳細をつかむことから始めました。補教に入った教師に詳細を聞き、だいたいのことをつかんだのです。そして、朝一番に子どもたちに尋ねました。

「先生がいない間、みんなだけで過ごしたと思います。自習も多かったと思います。落ち着いて、困ることなく過ごせましたか」

子どもたちは顔を見合わせてシーンとなってしまいました。

「まずいなあ」という表情の男の子がたくさんいます。

「実はトラブルがあったって、聞いたんだけどね」

こう言って、トラブルのことを話しました。

「掃除時間にきちんと掃除をしない人がいたんだってね」

「時間を守らない人がいたんだってね」

「日直の人が朝の会や帰りの会をしてくれているのに、おしゃべりを止めなかったんだってね」

教室はシーンと物音一つしません。

「みなさん、本当にこれでいいのですか。先生がいなくてもできないと、本物とは言えないと思います。みなさんはどう思いますか？」

子どもたちは下を向いてしまっています。

「でも、その中で頑張っていた人がいたことも聞きました。◯さんは、静かに自習を進めていたんだってね。掃除を頑張ったのは◯さんと◯さんだと聞きました。他にも、日直の二人はみんなをまとめようと頑張ってくれたんだってね。先生はうれしいです」

評価は必ず、このように個別にしていきます。誰ができて、誰ができていなかったのかを示すわけです。


「先生がいなくてもできる。先生が見ていなくてもきちんとやる。それが、本当に自立した人です。今日からそれを目指していきましょう」


こう言って、この2日間を反省させました。

この出来事があって、より自立と自治に向かって加速するようになりました。

結局、3学期は、私が出張に行っても、大過なく過ごせる学級になりました。

それどころか、次の年、私の担任でなくなった子どもたちも、そのまま荒れずに、きちんと1年間を過ごすことができたのです。

「承認・励まし・感謝」

多くの学級では、自治の段階までいかないで1年を終わってしまいます。

それは、教師の側が自治を意識していないこともあるからです。しかし、どうやって教えたらよいのかが分からないということもあるのです。

例えば、1学期に、「ゴミを拾いなさい」と言ったとします。

2学期に同じことを言っていては、進歩がありません。

2学期はどう言えばよいのでしょうか。

「教室が汚れています。みんなが気持ちよく過ごせるよう、こうしたほうがいいなということをやってみましょう」

つまり、**方向性を示して、任せるようにしないといけないのです。**

では、3学期はどうなるでしょうか。

「ゴミを拾えていて気持ちがいいなあ。ありがとう」

教師が言わなくてもゴミを拾えている状態になっているはずです。

だから教師は、「承認・励まし・感謝」をするだけでよいというわけです。

つまり、4月は教師の力強いティーチングで、子どものやる気を引き出していました。
しかし、だんだんとコーチングの要素を強めて、自治や自立を促していく方向へと、指導をシフトチェンジしないといけないのです。

山本五十六の言葉と言われているものに、次のものがあります。

「やってみせ、言って聞かせて、させてみせ、ほめてやらねば、人は動かじ」

ここまでは有名です。この続きがあるのです。この続きこそが大切なのです。

「話し合い、耳を傾け、承認し、任せてやらねば、人は育たず」
「やっている、姿を感謝で見守って、信頼せねば、人は実らず」

つまり、自立・自治に向けて任せる段階では、次の姿勢が大切になるのです。

POINT **任せて、陰ながら支え、失敗しようと、ほめて、感謝する**

具体的には、次のように段階を踏んで指導します。
最初の段階では、教師が手本を見せ、説明し、やらせてみて、ほめていました。
その次の段階では、その子の考えを聞き、考えを認め、思い切って任せるのです。
任せたら、頑張った事実を取り上げ、感謝の気持ちを伝えます。
そして、次のような言葉かけをしていくのです。

「どうしたらよいと思う？」（尋ねる・選択させる）
「自分が思ったようにやってみたらいいよ。失敗してもいいから（楽観主義）」
「○○してくれたんだね（事実）。先生はうれしいな（感謝する）」

2日間の出張は、実は「思い切って任せてみる」場面になっていたのです。
荒れていた学年です。トラブルが起きて当たり前です。でも、あえて任せてみて、起きた出来事を、振り返らせ、次に望ましい行動ができるよう導けばよいのです。

子どもに任せる段階での教師の言葉かけ

❶ 尋ねる・選択させる

どっちのほうが
よいクラスに
なると思う？
どうしたら
よいと思う？

❷ 楽観主義

まずは、自分が
思ったように
やってみよう
失敗しても
大丈夫だよ

❸ 感謝する

友達のフォローを
してくれて
先生はうれしいな
丁寧にまとめてくれて、
みんなが理解できたよ。
ありがとう

学級経営に取り入れたい種々の活動

これまで紹介した活動以外に、学級経営に取り入れたい活動を紹介します。

①協力や協調の大切さに気付かせるグループ活動

隙間時間に、15分程度でできる、グループ活動を行います。

有名なもので言えば、**「マシュマロ・チャレンジ」**（日本マシュマロチャレンジ協会）があります。パスタ、テープ、ひも、はさみを使って、塔をつくり、マシュマロを載せるというグループ活動です。マシュマロが意外と重いので、塔が倒れてしまいます。そこで、自立可能な塔をつくるために、いろいろと工夫するわけです。

他にも、新聞紙ほどの大きさの紙を渡して、できるだけ高い自立した塔をつくるゲームもあります。こういったゲームをすると、「協力や協調の大切さ」が分かってくるのです。

体験ほど大切な学習の機会はありません。

例えば、番号が書かれた付箋紙を、友達の背中に貼り付けるゲームで考えてみます。

一言もしゃべらずに、全員が同じ番号でグループをつくります。何番の付箋紙が背中についているか、自分には分かりません。

協力しにくい学級でやると、まったくグループはできません。なぜなら、自分の背中の番号が分からないからです。自分が何番なのか分からない上に、話すのも禁止ですから、グループをつくりようがありません。

しばらくすると、一人二人と次のことに気付いていきます。


「自分のことは置いておき、人をまず助けたらいいのだ」


そして、ジェスチャーで、同じ番号で集まるよう伝える子が出てきます。同じ番号の人が集まってくると、自分の番号も分かります。相手の背中にある番号が、自分と同じ番号だと理解すればよいからです。

こうして、グループが徐々にできてきます。

ところが、まだ数人が右往左往しています。そうです。仲のよい友達だけ助けていては成立しません。全員を見ないといけないのです。

こうして、何とか全員が同じ番号でグループをつくることができました。

そして感想を言わせます。自分を後回しにして、人のことを先に考える難しさに子どもは気付きます。また、学級の全員に目を向けることの大切さを語ります。

こういうことは体験しないと学べません。

他にも様々なグループ活動のアイデアがあります。1週間に一つでもかまいません。このグループワークを楽しみにしている子も増えてきます。たった15分でよいのです。しかし、効果は大きなものがあります。

②全員に何度もリーダーを経験させる

リーダーは、毎回変わります。時期や場によっても変わります。

誰もが繰り返しリーダーの体験ができるようにします。

4人班のリーダーを週替わりにするのも一つの方法です。

係活動のリーダーだけでなく、調べ学習のリーダーや学校行事のリーダーなど、様々な場でリーダーをつくります。

リーダーを体験するから、リーダーの大変さが分かります。

今度、フォロワーになったときに、きちんとリーダーの指示を聞こうと思えるのです。これも体験してみないと分からないことです。

③自分の歩みを振り返らせる時間をとる

学期末などに、例えば、次のように歩みを振り返らせます。

「自分が頑張った授業を10個まで選ぶ」
「自分のこれまでの歩みと、これからの歩みを作文に書く」

このように、定期的に、自らの歩みを振り返る時間をとります。

1年の終わりには、思い出のアルバムをみんなでつくってもよいでしょう。

そのために写真などをためておきます。そして、手弁当でアルバムをつくるのです。これには子どもたちは大変喜びます。楽しんだこと、頑張ったこと、最後までやり遂げたこと、これらは全て違うことです。それぞれ歩みを振り返らせます。

④高い目標の挑戦と同時に行う「息抜き」

高い目標への挑戦は、努力の継続を必要とします。しかし、子どもにとっては、苦行ではありません。

なぜなら、自分が心から実現したいと思う目標だからです。

この高い目標への挑戦と同時にやることがあります。

それが、**息抜きの時間**です。あえて息抜きの時間をとるのです。緊張だけでなく、緩和の時間も大切なのです。

お楽しみ会を何よりも楽しみにしている子もいます。

怪談話を何よりも楽しみにしている子もいます。

あえて息抜きの時間も設定するのです。

「真冬の怪談大会」を子どもが企画したことがありました。寒い冬をもっと寒くしようと企画したのです。教室はストーブで暖かいので、別段寒くはないのですが、語る話が怖いものばかりで、心底震え上がりました。怖い話をしていた子は一躍ヒーローになっていました。

おもしろいもので、息抜きの時間だと活躍する子がいるのです。日常の子どもの姿と、イベント時の子どもの姿は違うのです。だからこそ、様々なところで活躍の場をつくりたいなら、非日常をつくることも大切なのです。

他にも、雪合戦、クリスマス大会など、様々なイベントを行います。

「クリスマス用の大きなケーキがつくりたい」そんな子どもの夢を叶えるわけです。

このような楽しい行事は、頑張った後の打ち上げで行うのが効果的です。

水泳を全員頑張ったから、1学期の終わりに楽しいパーティーをするといった具合です。息抜きの必然性をもたせるわけです

頑張った1学期を振り返って、ジュースで乾杯することもあります。

「頑張った自分に乾杯！」これが子どもの思い出になるのです。

みんなで乾杯してうれしい、次も頑張ろうと思えるのです。

子どもの自主的な動きはあえて見守る

「手を離して見守る」ことが難しい

自治ができるようになると、様々な新しい動きが生まれます。イベントや運動大会、お楽しみ会、全員遊び、新しい係活動など、学級をよりよくするために、子どもが動くようになるのです。自主的な動きが生まれてきたら、教師は「口を出す」のは慎むようにします。

あえて「見守る」ようにします。

若い教師ほど、つい子どもの活動に入ってしまいがちです。教師が入ってしまうと、結局教師が口を出してしまって、子どもの自主的な動きが阻害されることがあります。失敗やトラブルが起きてもよいのです。失敗やトラブルも、よい成長の機会になると思って、あえて子どもに任せます。任せるから、失敗やトラブルを乗り越える力と姿勢が育つのです。

例えば、クラス対抗の大縄跳び大会があるとしましょう。大会に向け、自主練習をしようと提案した子がいるとします。

初日は、ほとんど人が集まりません。有志だけ4、5人といったところです。

教師からするとハラハラします。「全然人が集まっていないな」「教師として他の子にも声をかけようかな」そう思ってしまいます。

1週間が経っても、10人ほどしか集まっていません。他の子は、サッカーやドッジボールなど別の遊びをしているのです。全員で練習しなければ、成果も上がりません。真面目な女子が呼びかけていますが、男子の反応が悪いのです。好きなサッカーをして過ごしています。

結局、最後まで人は集まりませんでした。

大会でもあまりよい結果は残せませんでした。

でも、このことから学べることは多くあります。

練習を呼びかけていた子は、どうやったら一致団結できるか考えることでしょう。

練習に参加しなかった子は、「練習しないとまずかったな」と思えるかもしれません。

こうして1回目の大縄大会で失敗しても、2回目の大会で、今度は、放課後も練習しようと、みんなで力を合わせることになるのです。

「教師に頼らずに自分たちで動く」という自治の動きを強めるには、どうしても、**教師の統制を弱めないといけない**のです。

つまり、最終的には「見守る」ことが大切なのです。

教師が後ろからそっと背中を押すように、「大縄跳びでみんながかっこよく跳べたらいいねえ」「いいイベントだよね。先生は期待しているんだけどね」などと声を掛けるのです。

もちろん、教師が統率力を発揮して、全員を大縄跳び大会に意識付けすることは簡単です。しかし、あえてそれをしないから、子どもたちが「自分で何とかしないと」と思えてくるのです。

教師の手から子どもが離れ、子どもだけで練習を始めます。そして当日まで、全員が本気になって真剣そのものになって取り組みます。そこに感動の涙が生まれるのです。成功しても失敗してもです。

第5章

学級経営
その他の戦略編

―授業研究・集団指導・学校行事etc…―

授業研究の進め方

授業研究を始める前に

どの学校でも、授業研究を進めているはずです。年に1回は、全員が公開授業をする学校も増えてきました。若いうちに、学校代表として公開授業を担当することもあるでしょう。授業を公開するのは、自身の指導力向上のための大きな学びになります。ただし、授業研究の進め方を知っておかなくてはなりません。

■授業研究の流れ

①教材研究を行う（実態調査を含む）
②自分なりに授業を考える
③先行実践に当たる
④最終的な指導案を決める

⑤授業を行う
⑥授業反省会をもつ
⑦授業後に、さらに改善した指導案をつくる

これが、1回の授業研究で行うことの流れになります。

ポイントは、**自分なりに授業を考えてから、先行実践に当たる**部分です。

なぜ「自分で授業を考える」のが「先」なのでしょうか。

それは、先行実践を先に見てしまうと、先行実践を中心としたアイデアしか浮かばないことがあるからです。先行実践は優れた実践が多くあります。優れているがゆえに、よい授業だと感心して、他のアイデアが見えなくなってしまうのです。

そこで、まずは自分で教材研究を行い、指導案を考えるようにします。もちろん、この段階では、なかなかよい授業は思い浮かびません。しかし、自分が考えた指導案があるとよいことがあります。それは、自分の案と比較しながら、先行実践を調べることができる点です。

似ているものもあれば、まったく違う切り口の授業もあります。稚拙だとしても、自分なりに教材研究し、指導案をつくるから、先行実践を深く知ることができるのです。

例えば、同じような授業でも、発問の言葉や、展開が微妙に異なることがあります。そして、「発問は分かりやすい言葉にしないといけないな」とか、「まず布石となる問題を扱い、徐々に問題の核心に迫っていこう」などと気付けるのです。

⑦も大切なポイントです。授業反省会の後に、**改善指導案までつくっておくのです**。

研究授業は、授業者が一番よいと思える案で授業を行うはずです。ところが、授業反省会では、様々な改善点が出ることがあります。自分にはなかった視点で、他の人が授業を見てくれるからです。だからこそ、授業後の反省会で出されたコメントは、貴重で

授業研究での大事なポイント

す。

授業の記憶が鮮明なうちに、反省を行い、最終の指導案を考えておきたいのです。

子どもの認識を飛躍させるための「教材研究」

さて、①の教材研究で、「実態調査も含む」と書いています。ここも大切なポイントになります。

教材研究のやり方を、以下紹介します。

例えば国語なら、物語文を読み込みます。自分で問いを立て、辞書を引きながら、何度も読み込みます。つまり、**「深く」**調べるわけです。

さらに、その物語文の解釈が研究者によって違っているのか、作者の他の作品はどんなテーマが多いのか、作者の出身や生い立ちはといった周辺情報も調べます。これは、**「広く」**調べることを意味します。

社会科でも同じです。例えば、食料輸入の現状や自給率を教えるとします。その場合、食料生産の歴史や、自給率の変遷、最近の食料事情など、**「深く」**調べていきます。

また、外国の自給率や食料事情など、日本以外の周辺情報も調べます。**「広く」**調べるわけです。

このように教材研究の基本は、「深く」「広く」調べることになります。

ただ、それだけではありません。子どもの実態調査も含まれます。予備知識がどの程度あるのか、どこに理解不足や誤解があるのか、そういった実態を調べるのです。

第一段階で、深く・広く調べた結果、「教えたい内容」が決まるはずです。

第二段階の実態調査の結果、「教えたい内容と、学習者の理解の**「ギャップ（隔たり）」**に気付くはずです。

つまり、現在の学習者の状態と、ゴールとのギャップに気付くわけです。

例えば、子どもが次のように認識しているとします。

「食料は毎日余るほどあるし、種類も豊富だ。まったく食料で困ることはない」

そこで、授業ではそれとは別の事実を示していきます。

「食料の輸入に頼っている」「輸入が増えて国内の農家が減っている」

すると、子どもの認識が変化していきます。ここで次のように尋ねます。

発問　**「食料の輸入が多い状態は、日本にとってよいことなのか、悪いことなのか」**

つまり、俯瞰で日本の状況を判断させるのです。認識の飛躍が求められます。

このように、授業では、「現在の学習者の状態」を、「未来のゴールの状態」にまで引き上げなくてはなりません。

だからこそ、「発問」や「活動の指示」などで、認識の飛躍を促すわけです。どこで認識の飛躍を促せばよいのか。それを知るには、学習者の状態を知っておかないといけません。認識の飛躍を促すために、発問や活動を考えることこそが、教材研究なのです。

大集団を指導することになったら

集団を動かす方法

学級40名の集団を動かすことはできても、100名を超えると難しくなります。集団の数が多くなるほど、**指示に明確さが求められる**からです。

運動会などで、若い教師が500名ほどの全校児童を動かすことがあります。指示が明確でないので、子どもの動きがちぐはぐしてきます。やがて、ざわざわとし始めます。バラバラの動きになってきます。バラバラの集団を、追加の指示で何とかしようとするので、余計に混乱します。

大集団を指導するには、集団を動かす方法を知らないといけません。

①やってみせる
②やり方を説明する
③やらせてみる

④よいところをほめ、うまくいっていないことを助言する

集団を動かす方法は、この通りです。
ただ、集団が大きくなればなるほど、さらに工夫を加えなくてはなりません。
例えば運動会で、100人を超える集団を相手に、表現運動を教えるとしましょう。
定型のダンスや自由な表現を教えていきます。
まずは①で、教師がやってみせます。
やってみせるときの工夫があります。それは、**「動機付け」**です。

「5年生は、海の学校に行きましたね。運動会の表現は、その学びを生かして、ロックソーランを元気よく表現したいと思います」

たった一言ですが、これで表現運動の「意義」が分かります。
続いて、大会などのビデオを見せます。上手な表現を見れば、「こんなふうに踊りたいな」「かっ

こいいな」というあこがれの気持ちが生まれてきます。

このように、教える前に、動機付けを行うのです。だから、やる気の面で違うわけです。

次に行うのは、「②やり方を説明する」です。

ここでも工夫を加えることができます。それは、**「一つずつ教える」「スモールステップ」「短く明確な指示」**です。

「一つずつ教える」ことは簡単です。ただし、意識していないとできないことでもあります。「手だけ動かします」こういって網を引く動きだけやってみせるといった具合です。「次は足の動きです」こういって足の動きだけ教えます。

このように、一つ一つ教えていきます。しかも、スモールステップで、少しずつ、簡単なことから教えていくわけです。しかも、指示は短く明確に行います。指示は、一言でよいわけです。

指示に「評定」を組み込む

さて、「③やらせてみる」「④よいところをほめ、うまくいっていないことを助言する」でも工夫することができます。

「今のところ、70点。もっと大きくすばやく腕を動かしたほうがよいです」

このように、ズバッと評定を伝えます。

そして、また練習させます。「だいぶかっこよくなってきました。80点」と言って、どの程度うまくなっているかが分かるようにします。

最終的には、「個別評定」を行います。これも工夫の一つです。

完成に近付いたら、一人一人を評定し、できているところをほめ、できていないところを教えていくのです。

このように、集団が大きくなると、教育技術・方法をどれだけ身につけているかで、うまく指導できるかどうかが決まってきます。最初の段階では、教育技術・方法を意識し、それを使おうと思っていないとうまくいきません。そのうちに、だんだんと自然と身についてきます。そうなって初めて、教育技術・方法を意識せずとも、大集団を率いることができるようになるのです。

成長し続けるための記録

1年後→1か月後のイメージを

教師の力を上げるために、最も効果的な方法は何でしょうか。

それは、**「高い目標」**をもつことです。

学級経営のゴールや、授業のゴールを、高いものに設定するのです。今は荒れている学級でも、1年後の理想の姿を描くのです。例えば、「大集団でも力を合わすことができ、切磋琢磨できる学級をつくる」と決めてしまうのです。授業でも、今は子どもが退屈そうにしていても、「1年後には、活発に意見が飛び交い、子どもだけで討論できるようにする」と決めるのです。

つまり、現状からは「到達できないような目標」を設定するのです。

1年後の高い目標を描いたら、次にやることは、近い将来のイメージを描くことです。1か月後の近い将来に、達成しているだろう学級の状態を考えてみます。

1年後に子どもが切磋琢磨できているなら、1か月後には、4人班で力を合わせることはできないといけないことになります。

だとするなら、グループ活動を多く取り入れようという「手立て」が浮かびます。

ここで大切なのは、目標があるから、「手立て」が浮かんでくる点です。

1か月後を意識することで、初めて「手立てが見えてくる」のです。

授業も同じです。1年後に討論ができるなら、1か月後には、全員が意見をもって進んで発表するくらいのことはできていないといけません。

そこで、ペアでの発表や、4人班での話合いを、毎回の授業で取り入れていく「手立て」が浮かぶわけです。

思索する時間をとる

手立てを実行したら、最後に、**「振り返り＋軌道修正」**を行います。振り返りのためには、記録をとることが大切です。何らかの手立てを打ったとして、その手立ての結果、どういう効果があったのかを記録しておくのです。簡単な記録でかまいません。パソコンでもノートでも、何でもかまいません。どんな手立てを打ったら、どんな反応があったのかを記録しておきます。

授業前に、発問や指示、活動などはメモしているはずです。授業後に、子どもの反応を追加すればよいのです。それだけで、次の授業に生かせる記録になります。

1か月後、授業や学級経営の記録を見ながら、反省します。ゴールに近付いていたら、その手立てでよかったことになります。近付いていなければ、手立てを変える必要があります。軌道修正をするわけです。

軌道修正を効果的にするためのポイントがあります。

POINT 「何か新しいことはできないかな」と考える時間をとる

大きな成果をあげている企業の中には、定期的に「何もしない時間」を設けているところがあります。

その時間は仕事をしません。思索の時間としてリラックスして過ごすのです。「何か新しいことはできないか」「別の手立てはないか」「別のゴールは考えられないか」など、自由に考えているのです。

この「何もしない時間」をとることはとても大切なことです。1か月に1回程度でかまいません。

記録を見ながら、ゴールの修正や、手立ての修正ができないかを考えるわけです。そしてリラックスした状態で、もっととんでもないゴールや、まったく別の手立てはないか、思索するのです。

情報を頭に入れながら行うとさらに効果的です。教育書以外も読み、頭にインプットしながら、思索というアウトプットをするわけです。情報が蓄積されると、まったく別のゴールや手立てが浮かぶかもしれません。こうしてゴールも手立ても軌道修正しながら、学級経営を進めていくわけです。

学校行事の戦略

行事を見越して前もって準備を進めておく

4月の段階で、学校行事の予定が決まっているはずです。例えば、音楽会、学習発表会、学芸会、運動会、陸上運動記録会、水泳記録会、遠足などです。

まず、1年間の予定をざっと見ておきます。春に遠足があって、秋に運動会と学芸会があって、3学期に学習発表会があるなと、見越しておくのです。そして、昨年何をしたのかを調べておきます。昨年の内容が分かれば、「準備や指導にかかる時間」も分かるからです。

遠足の場合、指導にそこまで時間はかかりません。直前に調べ学習をする程度でよいのです。

しかし、運動会は、ある程度指導の期間が必要です。側転や前転などを含む「組体操」をする地域なら、前もって練習をする時間をとっておきます。

9月に運動会があるとして、9月に側転の練習をするようでは遅いので、4月から、授業で少しずつ側転や倒立、前転や後転の練習を取り入れていけばよいのです。

子どもには、「家でも倒立の練習はできるから、少しずつ練習しておいてね」と言っておきます。腕の筋力が弱い子には、鉄棒で斜め懸垂などして、ある程度筋力を鍛えておくよう言います。筋力が育つには時間がかかるからです。

9月になって組体操の練習が始まったとき、倒立や側転、前転、後転が全てできるようになっています。だから、あとは音楽に合わせる練習で済むわけです。

このように、行事でやることが分かっているなら、「先取り」で進めていくのです。

他にも、2学期に音楽会があるとします。この場合も、合唱のやり方を1学期から指導しておけばよいのです。高いきれいな声で歌う方法や、低音の歌い方を教えておきます。

合奏をするなら、朝の学習の10分間を、演奏の練習時間にします。

学芸会で劇をするなら、台本を早めに配って読んでおくよう指示します。2か月前から短時間でも練習していると、台本なしでセリフを言えるようになります。

だから本番前の練習に、時間をかけずに済むわけです。

学校行事のせいで、毎日が忙しいと感じているなら、それは**「見通しをもって、前もって準備を進めていないから」**なのです。

さて、学年に複数の学級があると、行事ごとに主担当が決められるはずです。遠足の主担当になったとしましょう。その場合、主担当ならではの仕事が発生します。今年の遠足の場所を決めたり、1日の日程や予算を考えたりと、企画の仕事が発生するわけです。これも、遠足の直前になって仕事を進めようとすると、多忙感が大きくなります。

そこで、前もって少しずつ仕事を進めておくようにします。

まず去年の内容を調べると、準備すべきことが分かってきます。

こうして見通しをもっておき、案を少しずつつくっていけばよいのです。

遠足が近付いてから仕事を始めるのではなく、少しずつ考えておくのです。

このやり方は、去年まではなかった「新しい行事の担当」になっても同じです。他の学校ではその行事の実践例があるかもしれません。すでに取り組んでいる先行実践を、前もって調べておきます。すると、準備にどれくらいの期間が必要なのか分かります。そして、早めに案を提案して、他の教員に検討してもらえばよいのです。

保護者との連携の進め方

保護者連携の前提

保護者との連携で一番大切なポイントは、次のことです。

POINT 保護者との良好な関係をつくること

当然のことですが、良好な関係を築くからこそ、保護者は学校と連携する気になります。では、良好な関係は、どうやったら築けるのでしょうか。まずは、次の三つを心がけましょう。

①子どもが成長した事実をつくる
②こまめな情報提供を行う
③定期的に意見交流を行う

①子どもが成長した事実

「子どもが成長した事実をつくりだすこと」


これなくして、保護者との良好な関係は築けません。

これは、学習塾やスポーツスクール、書道教室などを例にとれば分かります。

我が子が上達しているからこそ、安心して預けられるのです。つまり、「結果責任を果たす」ということです。


「水泳のできない子が、泳げるようになった」

「算数の苦手だった子が、得意になった」


このような「成長の事実」をつくり出さなければなりません。

成長は、「学力面」だけではありません。

生活面でも、社会性や生き方の面でも、前よりも成長している事実が必要です。

「時間を守って宿題をするようになった」（生活面）
「友達と仲よく遊べるようになった」（社会性の面）
「苦手なことでも粘り強く取り組むようになった」（生き方の面）

こういった事実を生み出すことができればよいのです。

さて、教師は「成長の事実」を生み出すために、次の二つの違いを考えておかないといけません。

Ａ　「全員をできるようにする」
Ｂ　「全員を向上させる」

ＡとＢは何が違うのでしょうか。

そもそも、子ども一人一人の能力や長所、個性は違います。算数が得意な子もいれば、国語が得意な子もいます。算数が得意な子も、苦手な子も、ある程度の結果は出せないといけません。

例えば、全員がテストで90点以上だったという結果です。

これが、「**A　全員をできるようにする**」という意味です。その上で、算数ができる子も、苦手な子も、それぞれが、同じくらい伸びたという事実が必要なのです。

去年60点平均だった子が、90点平均をとれば、30点分伸びたことになります。

反対に、去年90点だった子が１００点なら、10点しか伸びたことになりません。

そこで、算数の得意な子をより伸ばすための戦略を考えないといけないのです。

例えば、「問題の解き方を、誰でも分かるように説明させる」活動を用意してもよいでしょう。そうすれば、解き方の説明の技能を高めることができます。

もしくは、応用問題や難問に挑戦させてもよいでしょう。そうすれば、教科書レベルの知識を応用させる力を育てることができます。

これが、「**B　全員を向上させる**」意味です。つまり、できる子も、苦手な子も、同じくらい向上させないといけないのです。

②こまめな情報提供

二つ目は情報提供です。

これは、子どもが成長した事実を紹介することが中心になります。

ただし、それだけではありません。学級の様子や、教師の考え方、指導の様子なども発信していくのです。これは、「説明責任」と言えるものです。こういう方針でこういう教育をした結果、こういう事実が生まれたということを発信するのです。学級通信でもよいですし、保護者会のときに写真のスライドショーやビデオ上映をしてもよいでしょう。

意識すべきポイントは次のことです。

POINT 「全体」の情報提供 ＋「個別」の情報提供

忘れがちなのは、「個別」のほうです。個別の頑張りが保護者に伝わるようにするのです。学級通信だけでなく、連絡帳や短い手紙、短い電話などで、こまめに伝えていきます。

③意見交流

三つ目に必要なのは、意見交流です。

これまでに子どもの成長した事実をつくり、情報提供もしっかりしたとします。

ここで保護者は、「今年の担任は熱心に指導してくれている」「今年の担任は、我が子をしっかりと見てくれている」という思いをもってくれるはずです。

その上で、保護者の考えや、願いを聞き出すのです。これは、**「聞く」のが8割**です。話す主体は、あくまで保護者です。ひたすら、「どういう教育を子どもにしてほしいのか」を聞くのです。ひょっとすると、保護者が、愚痴や苦情を言うかもしれません。その場合は、**「未来志向の意見交流」**にもっていかなくてはなりません。

保護者：「いつも家でさぼってばかりで宿題もなかなかしない」

教　師：「どうしたら宿題をさぼらないか、一緒に考えていきませんか」

このように、一緒に何かの問題を解決していこうというスタンスで話をするのです。

「どういう望ましい未来が来たらよいと保護者は思っているのか」「行動が改善されたら、どんなよい未来が来ると保護者は思っているのか」それを傾聴します。

そして、一緒に手立てを考えていけばよいのです。

連携の具体化

保護者と良好な関係をつくるための三つの方法を述べました。実は、このこと自体が、保護者との連携の具体化につながっています。子どもが成長した事実と、情報提供をした上で、意見交流をすれば、今後の連携の仕方が見えてくるというわけです。

保護者の話をしっかりと聞くことで、その要望に教師が応えられます。それだけではなく、保護者も自分の要望に沿って、教師を助けてくれます。家庭でも、学校の課題の手助けをしてくれるようになるのです。良好な関係がつくられているからこそ、次の状態になるのです。

「自然と、教師の教育活動を応援してくれ、手伝ってくれるようになる」

保護者は、「この先生なら、教育を一緒に手伝っていきたいな」「協力をおしまずやっていこう」と自然と思います。このように自然と思ってもらえるかどうかが鍵なのです。学校への提出物や持ち物、そして学校の課題なども、全て保護者の協力を得られるようになります。そして、大きなイベントや、行事のときなどに、保護者が率先して手伝ってくれるようになるのです。

特別支援教育に対応する力と姿勢を身につける

子どもの特性に合わせた指導を

通常学級の担任でも、特別支援教育に対応する力と姿勢を身につける必要があります。通常学級にも、特別な支援を要する子が在籍しているのが普通だからです。また、交流学校として、ある教科だけ通常学級で授業を受ける子もいます。

特別な支援を要する子どもたちへの対応の「力」と同時に、「姿勢」も大切になります。

例えば、特別支援学級の子どもが、通常学級で学ぶことがあります。

特別支援学級の子どもたちは、とても不安をもっています。

「先生は優しくしてくれるかな」「友達は仲よくしてくれるかな」「授業内容はよく分かるかな」……など、不安を挙げたらきりがありません。

通常学級に行くこと自体が、一苦労なのです。しかし、朝一言、「おはよう。今日は国語頑張ってね」と伝えるだけで、安心できるでしょう。
このように、教師の姿勢も大切になってくるのです。

「姿勢」がある上で、「対応力」を身につけないと、うまく指導はできません。あいまいな指示を出すと、パニックになる子がいます。

例えば掃除で、「5人でこのあたりをきれいにしておいてね」と指示したとします。それを聞いた瞬間、何をしていいのか分からなくて、イライラする子がいます。時には、切れてしまうこともあります。「何をすればよいのか分からない！」と叫ぶのです。この子にとっては、「あいまいさ」は必要ありません。「ロッカーを水拭きしましょう」と明確に指示したほうがよいのです。

ところが、子どもに合わせない教師は、「その子が自分の指導についてこられないのが悪い」と思ってしまいがちです。子どもが教師の指導に合わせるのではありません。教師が、子どもの特性に合わせて指導を変えていくのです。特別支援教育で最も大切なのはこのことです。

ここでも1年後のゴールを

さて、もう一つ教師が意識しておきたいことがあります。

それは、その子に対して、**1年後の最終的なゴールを考えておくこと**です。

つまり、1年間担任するとして、学力面、生活面、社会性の面など、どこまで育てるのかを考えるのです。保護者と一緒に考えるのが一番です。医師などに助言を求めるのもよいでしょう。なぜなら、障害の種別によって、ゴールや支援の仕方はまるで異なってくるからです。

知的障害ですら、軽度と中度、重度では、目指すべきゴールと、支援の仕方はまるで異なります。例えば高学年でも足し算や引き算、九九ができない子がいます。現実的にどこまでを到達点とするのか、1年後のゴールをどこに設定するのかは、個別に目標を立て、個別の手立てを打たないといけないのです。

また、低学年で「箸が使えない」「服が着替えられない」子がいます。家庭でも練習してもらい、学校でも練習する必要があります。家庭と学校が同じように指導すれば、短期間で習得させられるというわけです。

家庭と学校とが目標と手立てを共有して、一緒になって指導するから、効果が上がるのです。

子どもの特性に合わせた指導
1年後のゴールを考える
子どもへの
「対応力」
子どもに
接する
「姿勢」

カリキュラム・マネジメントと学校組織マネジメント

学校づくりの力

1章で示した、教師力の「7　カリキュラム・マネジメントの力」と「8　学校組織マネジメントの力」を解説します。

これらは、新卒教師が意識しにくい内容になります。しかし、新卒教師も一翼を担っていることでもあります。7と8を一言で表すと、「学校も民間の企業のように、PDCAサイクルで、合理的・効率的な学校づくりをしていきましょう」ということになります。

学校や校長の自由裁量は年を追うごとに拡大しています。いわゆる、「各学校の自主性の確立」のためです。7と8によって、特色ある学校をつくっていこうということなのです。つまり、7と8が、**「学校づくりの力」**とも言えるのです。

カリキュラム・マネジメントの力

さて、教育課程の編成は、各学校が行うものです。

そのため、カリキュラム・マネジメントは、反省や改善の仕組みをつくって、よりよい教育課程を編成できるようにするやり方を意味します。もちろん学習指導要領に書かれてある内容を教えていくのですが、それ以外も学校の特色を出して教えることができます。また、教える順序を工夫することもできます。さらに、複数の教科を関連させて教える工夫もできます。

カリキュラム・マネジメントの力で、大切なのは、学校、地域、子どもの実態を正確につかむことです。

そして、学校に求められるニーズを把握しなくてはなりません。

「大人になると都会に出て行くので、地域を大切に思える子どもに育ってほしい」

「自然が少ないので、自然体験をたっぷりと用意してほしい」

このニーズによって、どんな学校にしていきたいかが決まってきます。望ましい学校の姿を描きながら、教育課程を考えていけばよいのです。

出したい特色が見つかったら、具体的に教育課程の中に、特色ある教育内容を配置していきます。ただし、特色ある教育内容を配置できるかどうかは、教員の実態、地域で協力してくれる人の実態に左右されます。地域にある自然環境や文化、物的な環境、教材の豊富さなどもかかわってきます。

さらに、地域で協力してくれる人を探して、協力体制をつくるという「教育環境の整備」も必要になります。だからこそ、適材適所が必要になります。学校組織マネジメントが必要になるのです。自然が多くて、理科室が充実しているなら、科学教育、自然教育、ESDやSDGsに取り組むという特色が出せます。

また一つの教科だけを考えて、教育課程を考えるのではなく、他の教科と関連させて授業を行うことができるかもしれません。理科と社会科を連動させ、環境教育を一緒に進めるなどです。

学校組織マネジメントの力

学校組織マネジメントの力とは、校長のリーダーシップとは少し異なっています。

学制が始まってから昭和までは、校長がリーダーシップを発揮すれば、それで学校づくりはうまくいく面がありました。

しかし、これからは違います。校長のリーダーシップというよりは、マネジメントの力を求めているということです。つまり**「運営」**や**「経営」**の力です。ＰＤＣＡサイクルをきちんと回し、よりよい学校をつくっていく力です。

そんな中、学校組織マネジメントの力も求められています。

つまり、教員を適材適所に配置し、能力を最大限引き出すということです。仕事のやりがいを生み出し、熱意をもって仕事に取り組めるようにしていくのです。

そして、やる気の高まった教職員が、共に力を合わせて仕事をしていける体制をつくるのです。

組織がうまく機能すれば、学校のＰＤＣＡサイクルも適切に動いていきます。

体育の教育課程が十分だったかどうかは、体育主任が一番詳しく分かっています。実際に授業をした教員も分かっています。だったら、校長一人が進めていくのではなく、最前線の教員にＰＤＣＡサイクルにかかわってもらえばよいのです。

おわりに

新卒教師が1年目に余裕をもって生活するために

新卒教師の中には、1年で学級を荒らしてしまう人がいます。受けもった30人の子どもは、4月こそきちんと真面目にやろうとしています。

しかし、時が経つにつれ、徐々にルールやマナーを逸脱する子が増えてきます。問題を起こす子を前に、優しかった新卒教師は、毎日大きな声で叱るようになります。叱られた子は、ますます荒れていきます。教室の雰囲気は暗いものになります。真面目に頑張っていた子もやる気をなくしていきます。こうして、学級の荒れは、加速度的に進行するのです。これは、全国どこでも見られる現象です。原因は一体何なのでしょうか。

新卒教師の能力や素質が原因ではありません。真面目で努力家だからこそ、教師として採用されたわけです。教師としての素質がなかったとか、愛情や熱意がなかったとか、そういうことが原因ではありません。単純に、「**1年間の学級経営の戦略**」を知らなかっただけの話です。これこそが学級が荒れる真の原因なのです。

学級が荒れる前に、1年間の学級経営をこう進めたらよいという「実践例」こそ、知る必要があったのです。12か月の戦略と戦術を理解すべきだったのです。1年間に、学級経営でやることが分かっていれば、安心できます。順番に一つずつ、実践していけばよいだけだからです。ゴールが分かり、次の一歩が分かっていれば、誰だって、学級の実態に合わせながら、アクセルとブレーキを調節して、進んでいけるのです。しかも、学級経営でやることが分かっていれば、自分なりの色を出すこともできます。実践例を参考にして、自分の得意な内容に特化することもできますし、新しいアイデアを付け加えることもできるはずです。

つまり、**新卒教師であっても、自由に学級経営を進めていくことができる**のです。

本書に示した、1年間の学級経営の戦略（大きな方向性）と戦術（具体的な実践例）によって、一人でも多くの新卒教師が自由に学級経営を進めることができることを願ってやみません。

令和3年2月　大前暁政

※なお本研究の一部は、JSPS科研費JP20K03261の助成を受けて行った。

引用・参考文献

・『勉強ができる！クラスのつくり方』大前暁政，東洋館出版社，2015
・『本当は大切だけど、誰も教えてくれない 教師の仕事 40 のこと』大前暁政，明治図書出版，2020
・『本当は大切だけど、誰も教えてくれない 学級経営 42 のこと』大前暁政，明治図書出版，2020
・『必ず成功する！学級づくりスタートダッシュ』大前暁政，学陽書房，2010
・『先生のためのセルフコーチング 自分への問い方次第で教師人生は変わる！』大前暁政，明治図書出版，2018
・『子どもを自立へ導く学級経営ピラミッド』大前暁政，明治図書出版，2015
・『学級担任が進める通常学級の特別支援教育』大前暁政，黎明書房，2012
・『大前暁政の教師で成功する術』大前暁政，小学館，2016
・『学級経営に活かす 教師のリーダーシップ入門』大前暁政，金子書房，2016
・『実践アクティブ・ラーニングまるわかり講座：明日の授業からすぐ使える』大前暁政，小学館，2017
・『DSM–5 精神疾患の分類と診断の手引』American Psychiatric Association 著，日本語版用語監修：日本精神神経学会，髙橋三郎，大野裕（監訳），染矢俊幸，神庭重信，尾崎紀夫，三村將，村井俊哉（訳），医学書院，2014
・『世界最高の学級経営』ハリー・ウォン，ローズマリー・ウォン（著），稲垣みどり（訳），東洋館出版社，2017
・『授業改善を推進する学校経営―主体的・対話的で深い学びの視点による授業改善と学習評価―』大前暁政，小学校時報5月号，第一公報社，pp.4–8，2020
・Luft, J. (1984)『Group process: An introduction to group dynamics (3rrd. Ed.)』Mayfield Publishing
・『人間関係トレーニング―私を育てる教育への人間学的アプローチ』，南山短期大学人間関係科（監修），津村俊充（編集），山口

真人（編集）ナカニシヤ出版第２版，2005
・『子どもの教育』A・アドラー（著），岸見一郎（訳），一光社，1998
・『子ども虐待という第四の発達障害』杉山登志郎，学研プラス，2007
・『大前流教師道―夢をもちつづけることで教師は成長する』大前暁政，学事出版，2015
・『教壇に立つのが楽しみになる修業術』大前暁政，ひまわり社，2010
・『第三の書く―読むために書く、書くために読む』青木幹勇，国土社，1986
・『WHY でわかる！ HOW でできる！理科の授業Ｑ＆Ａ』大前暁政，明治図書出版，2020

著者略歴

大前　暁政　京都文教大学准教授

岡山大学大学院教育学研究科（理科教育）修了後、公立小学校教諭を経て、2013年4月より現職。教員養成課程において、教育方法論や理科などの教職科目を担当。「どの子も可能性をもっており、可能性を引き出し伸ばすことが教師の仕事」ととらえ、現場と連携し新しい教育を生み出す研究を行っている。文部科学省委託体力アッププロジェクト委員、教育委員会要請の理科教育課程編成委員などを歴任。理科の授業研究が認められ「ソニー子ども科学教育プログラム」に入賞。主な著書に『勉強ができる！クラスのつくり方』（東洋館出版社)、『実践アクティブ・ラーニングまるわかり講座』（小学館)、『なぜクラス中がどんどん理科を得意になるのか」（教育出版)、『本当は大切だけど、誰も教えてくれない 学級経営42のこと』『WHYでわかる！HOWでできる！理科の授業Q&A』『プロ教師直伝！授業成功のゴールデンルール』『子どもを自立へ導く学級経営ピラミッド』（明治図書出版）など多数。

教師1年目の学級経営
―担任スキルと広い視野を身につけるために―

2021（令和3）年2月8日　初版第1刷発行
2023（令和5）年4月1日　初版第4刷発行

著　者　大前暁政
発行者　錦織圭之介
発行所　株式会社 東洋館出版社
〒101-0054　東京都千代田区神田錦町2丁目9番地1号
コンフォール安田ビル2階
代　表　TEL：03-6778-4343　FAX：03-5281-8091
営業部　TEL：03-6778-7278　FAX：03-5281-8092
振　替　00180-7-96823
U R L　https://www.toyokan.co.jp

［装　　丁］中濱健治
［本文デザイン］竹内宏和（藤原印刷株式会社）
［イラスト］osuzudesign（田中小百合）
［印刷・製本］藤原印刷株式会社

ISBN978-4-491-04348-7　　Printed in Japan